VEREDAS DO MAIS ALÉM

CATANDUVA, SP • 2025

VEREDAS DO MAIS ALÉM

THIAGO BARBOSA

ESPÍRITOS DIVERSOS

P
PREFÁCIO
HUMBERTO
SCHUBERT COELHO
12

1
PARÁBOLA
DA VERDADE
ISAAC
18

2
O QUE É ELEVADO
PARA DEUS
HANNS
24

3
EM LOUVOR À
FILOSOFIA ESPÍRITA
GASTON LUCE
28

4
A SUBLIME
EDUCADORA
BEZERRA
34

5
ESTAÇÃO
INVERNAL
ALBINO
38

6
O LIVRO DOS MÉDIUNS
E O PORVIR
GUSTAVE GELEY
42

7
SERVOS
VIGILANTES
HANNS
50

8
BILHETE DE UM
IRMÃO DE LUTAS
RENÉ ALBERICO
56

9
UM DIVULGADOR
ESPÍRITA
ALAMAR
60

10
BILHETE
A JESUS
HANNS
66

11
UM SÓ POVO,
UMA SÓ NAÇÃO
ALBERT SCHWEITZER
70

12
OS DEVERES
QUE NOS CABEM
MILITÃO PACHECO
74

13
AO MESTRE
ALLAN KARDEC
ALEXANDRE DELANNE
78

14
A HORA E
O MOMENTO
ANGEL AGUAROD
82

15
AS POTÊNCIAS
DA ALMA
GASTON LUCE
86

SUMÁRIO

16

NA LIDA EVANGÉLICA
VINÍCIUS
90

17

A RELIGIÃO VINDOURA
ALBERT SCHWEITZER
94

18

NA ADMINISTRAÇÃO DA MENTE
ALBINO
98

19

LIÇÃO APRENDIDA
JEAN MEYER
102

20

PESCA INTERIOR
HANNS
108

21

NESSA HORA, O QUE NOS CABE?
ARMANDO DE OLIVEIRA ASSIS
112

22

UMA LONGA JORNADA
GASTON LUCE
116

23

UM TESTEMUNHO
FREDERICO PEIRÓ
120

24

EM MATÉRIA
DE PERDÃO
ANDRÉ LUIZ
124

25

UMA VEZ MAIS,
ALLAN KARDEC!
ANNA BLACKWELL
128

26

EM TI
MESMO
ANDRÉ LUIZ
132

27

O NATAL
DE JOÃO
FRANCISCA
DAS DORES
136

28

HÁ
LUZ!
HENRIETTE
140

29

O PERDÃO
DE RAQUEL
CECÍLIA
144

30

A LUZ DA
NOSSA CAUSA
BEZERRA
150

P

PREFÁCIO

HÁ, HOJE, INTELIGÊNCIAS ARTIFICIAIS QUE ESCREVEM MELHOR que a maioria dos autores, com conteúdo mais apurado e preciso e com reduzida mácula dos partidarismos e personalismos de que padece a literatura espírita tanto quanto a geral.

A sociedade da informação gera volumes astronômicos de discursos, "conteúdos" elaborados, muitas vezes, por pessoas que não possuem o suficiente preparo e a suficiente experiência de vida para orientarem a si próprias. Desbaratinado, o ser humano pouco ou nada aproveita, não apenas porque é dificílimo encontrar a pérola da sabedoria em meio ao lamaçal das opiniões e das paixões, mas também porque ele mesmo não cultivou em si os fundamentos seguros do bom senso e do uso da razão.

Neste momento de eclipse cultural, quando todas as forças parecem desorientadas ou inermes, é justíssimo que alguns objetem não dispor do tempo e do ânimo necessários a mais uma leitura que, com toda a razão, bem pode ter sido concebida na arena ampla e inconsequente do "achismo". E, lamentavelmente, quem ainda supõe que uma obra mediúnica deveria estar isenta desses pecados está há um bom tempo sem folhear as últimas novidades, que, para servir ao mercado do sensacionalismo e da acomodação, acabam por nenhuma serventia ter aos olhos de Deus.

A esperança, contudo, é a fênix do idealismo que renasce incansavelmente após as vagas da ignorância – como o quebrar das ondas sobre rochedos aparentemente impassíveis –, e que, a princípio, parece não fazer diferença, mas que, no curso de milhares de anos, remove montanhas do caminho do incansável e inesgotável mar da mudança.

Veredas do mais além é uma dessas obras que nos caem dos céus denunciando a mínima participação da psicologia terrena. A peça mediúnica, quando combina a iniciativa de Espíritos mais depurados e a submissão humilde e disciplinada de um médium experimentado, é um acontecimento dos dois lados da vida.

Não espere o leitor encontrar nas páginas a seguir um teor ou um tom ameno e lírico, mais de consolo e estímulo que de instrução. O médium Thiago Barbosa é canal peculiaríssimo. Intelectual e visionário, fez-se intermediário conveniente a autores de perfis filosóficos, proféticos e de acentuado virtuosismo literário. Consequentemente, o presente livro espelha o estilo forte das comunicações recebidas sob a coordenação de Kardec e Léon Denis, apontando, em seu conteúdo, para uma visão mais larga e mais justa da filosofia dos Espíritos.

Os Espíritos bons e sábios não nos abandonaram. Estão sempre em contato conosco e preenchem os infindáveis espaços desta e de outras moradas. Cabe a nós apurarmos os ouvidos psíquicos e maturarmos as condições íntimas de pensamento e de sentimento para que, de novo, eles possam falar com a retumbância do trovão.

HUMBERTO SCHUBERT COELHO[1]
Juiz de Fora, 18 de novembro de 2024

---

1. Pós-doutor em ciência da religião pela Universidade de Oxford (Reino Unido) e em teologia pela Escola Superior de Teologia, é professor dos cursos de graduação e pós-graduação em filosofia da UFJF e da UNB. É também escritor de obras espíritas e acadêmicas.

VEREDAS DO MAIS ALÉM É UMA DESSAS OBRAS QUE NOS CAEM DOS CÉUS DENUNCIANDO A MÍNIMA PARTICIPAÇÃO DA PSICOLOGIA TERRENA. A PEÇA MEDIÚNICA, QUANDO COMBINA A INICIATIVA DE ESPÍRITOS MAIS DEPURADOS E A SUBMISSÃO HUMILDE E DISCIPLINADA DE UM MÉDIUM EXPERIMENTADO, É UM ACONTECIMENTO DOS DOIS LADOS DA VIDA.

OS ESPÍRITOS BONS E SÁBIOS NÃO NOS ABANDONARAM. ESTÃO SEMPRE EM CONTATO CONOSCO E PREENCHEM OS INFINDÁVEIS ESPAÇOS DESTA E DE OUTRAS MORADAS. CABE A NÓS APURARMOS OS OUVIDOS PSÍQUICOS E MATURARMOS AS CONDIÇÕES ÍNTIMAS DE PENSAMENTO E DE SENTIMENTO PARA QUE, DE NOVO, ELES POSSAM FALAR COM A RETUMBÂNCIA DO TROVÃO.

1

PARÁBOLA DA VERDADE

ESCOLHI O CAMINHO DA VERDADE;
PROPUS-ME SEGUIR OS TEUS JUÍZOS.
» SALMOS, 119:30

MAIS DE UMA DÉCADA DEPOIS DA GRANDE HECATOMBE QUE SE abateu sobre o meu povo – a *shoah*[2] –, que exterminou milhões de judeus em toda a Europa, reunimo-nos em singela egrégora para homenagear o grande *Baal ha-Sulam*[3] nas paragens espirituais de Lódz.

Éramos mais de quinhentos rabinos, e nutríamos profundo respeito e carinho por nosso grande *Rebe*,[4] que havia iluminado o nosso pensamento com seus ensinamentos, suas interpretações e sua vivência.

---

2. Palavra hebraica que designa o holocausto ou o genocídio promovido pelo nazismo contra os judeus europeus durante a Segunda Guerra Mundial.
3. *Baal ha-Sulam* é o título pelo qual é conhecido o rabi Yehuda Leib Ha-Levi Ashlag (1885–1954), um cabalista, rabino ortodoxo e anarquista. O nome significa "Autor da Escada" e refere-se ao seu principal trabalho, o comentário Sulam sobre o livro *Zohar*.
4. Termo iídiche derivado da palavra hebraica *rabi*, que significa "professor", "mestre", "mentor", ou, literalmente, "grande". Assim como o título "rabino", refere-se a professores da *Torá* ou a líderes do judaísmo.

Ali, como era natural, fizemos longos debates sobre a *Torá*[5] e o *Talmud*.[6] Em determinado momento, adentramos o instigante tema da verdade. Cada um dos presentes propôs uma visão:

— **Ela é uma?**
— **Ela é múltipla?**
— **Ela nos é inalcançável...**

Cada um tentou defender sua ideia lançando mão das letras santas das escrituras.

No torvelinho de emoções e ideias que imperava entre nós, observei incomodado o silêncio do nosso homenageado.

O *Rebe* Baal ha-Sulam observava a tudo com um olhar meigo e atento. Quando todos pareciam exaustos do longo debate, ele tomou a palavra:

A verdade é como uma grande musa esculpida e assentada no centro de uma grande praça.

Dessa mesma praça, saem sete caminhos que vão longe... Tão longe que o nosso olhar não alcança.

---

5. **Palavra hebraica para o pentateuco mosaico.**

6. **Trata-se de uma coletânea de livros sagrados dos judeus, um registro das discussões rabínicas que pertencem à lei e à ética judaicas, além dos costumes e da história do judaísmo.**

Em cada um desses caminhos, trilham os homens que miram o centro da praça, tentando observar a face da grande musa da verdade. Daí, dessa ofuscada e distante observação, formulam suas hipóteses e verdades sobre a Verdade.

Muito embora tão distantes, vez ou outra permite o nosso Pai que um dos conhecedores da verdade vão de encontro aos caminhantes contar sobre a bela musa.

Ao ouvir esses emissários, alguns se fazem de surdos; outros, contrariados, os perseguem. Há ainda os que duvidam ou julgam ser o emissário um louco.

Cada grupo se aferra a um dos sete caminhos e por eles seguem a passos lentos, pois, muitas vezes, param para debater entre si, outras vezes, para debater com os caminhantes das estradas vizinhas.

Um pouco mais à frente, constroem instrumentos que podem ampliar a visão, e, dessa visão, novas hipóteses, teorias e verdades surgem.

Cada um dos membros dos sete caminhos, agora, podendo observar uma face diferente da musa, proclamam que ela foi esculpida ou moldada em um material diferente: ouro, carvalho, bronze, mármore, esmeralda, prata ou barro...

Param pelo caminho a debater sobre a verdadeira face da musa da verdade, e ali ficam por longo tempo.

Uma pequena criança, encantada com as variadas versões que ouve em cada um dos sete caminhos, percebe que, talvez, a musa não seja feita de ouro ou barro, mármore ou bronze, um ou outro material, mas, sim, de todos eles.

Em silêncio, ela não se deteve mais; prosseguiu em sua jornada solitária ajudada por um ancião que apareceu no primeiro dia, até que, após alguns dias, chegou ao centro da misteriosa praça e constatou a verdade que antecipadamente havia intuído.

Feliz, contemplou a grande musa esculpida em sete matérias diferentes, cada versão defronte com cada um dos caminhos.

Nos ombros do ancião, a criança percebeu que todos os caminhos, cada um a seu modo, levavam ao mesmo lugar: a grande praça da musa da verdade.

Nesse momento, o silêncio foi geral, e todos observaram expectantes o grande *Rebe* que, após alguns instantes concluiu:

>Se queres encontrar a verdade:
>Sê o silêncio que prossegue;
>Sê o tolerante que examina;
>Sê o ancião que ampara;
>E te tornarás a criança que encontra.

≫ ISAAC

SE QUERES ENCONTRAR A VERDADE:
SÊ O SILÊNCIO QUE PROSSEGUE;
SÊ O TOLERANTE QUE EXAMINA;
SÊ O ANCIÃO QUE AMPARA;
E TE TORNARÁS A CRIANÇA QUE ENCONTRA.

2

O QUE É ELEVADO PARA DEUS

VÓS SOIS OS QUE QUEREM PASSAR POR JUSTOS DIANTE DOS HOMENS, MAS DEUS CONHECE OS CORAÇÕES; O QUE É ELEVADO PARA OS HOMENS, É ABOMINÁVEL DIANTE DE DEUS.

» LUCAS, 16:15

DESDE ERAS RECUADAS, TEMOS ENCONTRADO PERSONAGENS que depreciam os valores eternos de espiritualidade e elevação. Muitos sofistas e fariseus, sacerdotes e filósofos encharcaram as suas túnicas com o colorido das ilusões do mundo.

Aqui, estamos diante de grave advertência que cabe a todos os candidatos a aprendizes do Evangelho: na seara do Mestre, frente às seduções do mundo, naturalmente encontraremos os aplausos e as luzes adornadas em formas passageiras; cabe, pois, ao seareiro encontrar a substância verdadeira da mensagem do Mestre.

A advertência anotada por Lucas guarda profunda conexão com a hora que atravessamos, na qual a espiritualidade tem ganhado força de espetáculo e tintas de exterioridade, e nublado mentes e corações com os fumos das soluções fáceis.

Não raras vezes, criaturas há que, frente aos modernos mecanismos de comunicação, entregam-se ao serviço de aparente espiritualidade, seduzindo larga faixa de mentes, com palavras bem planejadas e tons de docilidade e elevação, mas que, na intimidade, tiranizam corações com os seus caprichos e espalham azedume.

Há aqueles que, a título de beneficência e bondade, sob a luz dos *flashes*, estendem as mãos, enquanto há outros que contabilizam as conquistas virtuais que preenchem temporariamente o vazio do coração.

A espiritualidade verdadeira é obra de interioridade. É a alma em busca de intimidade com Deus, é a criatura que busca no silêncio da consciência a voz do Criador.

A espiritualidade ativa é trabalho silencioso e solitário, tal qual a semente que, lentamente, na solidão do solo, prepara o pão que, no futuro, alimentará a muitos.

Paulo, o arauto do Evangelho, atravessou por anos o deserto,[7] meditando e estudando, trabalhando para o bem de pequena comunidade e em luta consigo mesmo. Ao espalhar o Evangelho, recebeu pedras e sarcasmo, prisão e martírio. Mas, frente à morte, encontrou a paz que o mundo não conhece, a paz dos que encontraram Deus em si mesmos.

Se queres cultivar espiritualidade interior, aprendes o que é elevado para Deus, porque o que é elevado para os homens é abominável diante de Deus.

⇒ HANNS

---

7. Ver: *Gálatas*, 1:17–18.

A ESPIRITUALIDADE VERDADEIRA É OBRA DE INTERIORIDADE. É A ALMA EM BUSCA DE INTIMIDADE COM DEUS, É A CRIATURA QUE BUSCA NO SILÊNCIO DA CONSCIÊNCIA A VOZ DO CRIADOR.

A ESPIRITUALIDADE ATIVA É TRABALHO SILENCIOSO E SOLITÁRIO, TAL QUAL A SEMENTE QUE, LENTAMENTE, NA SOLIDÃO DO SOLO, PREPARA O PÃO QUE, NO FUTURO, ALIMENTARÁ A MUITOS.

3
EM LOUVOR À FILOSOFIA ESPÍRITA

PARTINDO DE UMA RENOVADORA IDEIA DE DEUS, A FILOSOFIA dos Espíritos estabelece um conjunto de categorias que são concordantes entre si em um elo estreito e harmônico.

Deus, o criador incriado, de onde dimana toda vida, inteligência e beleza: é do Seu amor que partem as duas forças motrizes da criação, o espírito e a matéria.

Tendo como elemento básico o fluido cósmico universal, a argila do Supremo Oleiro, Ele cria a realidade cósmica. Galáxias e átomos, fogo e água, mundos e sóis. Vida! Vida em abundância.

Sendo os Espíritos os seres inteligentes da criação, eles jornadeiam pelos diversos elementos e formas da matéria, imprimindo nela forças intelectivas e impulsos evolutivos. Eis a união do espírito com a matéria.

Com leis imutáveis e irrevogáveis, o Supremo Legislador engendra na consciência de cada um de Seus filhos, os Espíritos, os elementos necessários para a sua evolução. De início, uma consciência elementar; mais amadurecidos, uma consciência plenificada e transcendental.

Por meio das leis dos destinos, temos na reencarnação o elemento primordial para que os Espíritos se depurem, aprimorem-se e subam a grande escada de Jacó;[8] do átomo ao arcanjo, da ignorância à verdade, do egoísmo ao amor puro.

À medida que o Espírito avança, sua consciência do bem e do mal se amplia e ele passa a ser regido não mais pelo determinismo instintivo, mas por suas próprias escolhas, que determinarão o seu destino. Eis aí o grande teatro em que os Espíritos se relacionam e no qual ocorrem os grandes dramas que compõem a nossa história: ódios e amores, virtude e vícios, derrocada e ascensão.

É nessa espiral evolutiva que a dor, o grande Fídias[9] do Espírito, vai esculpindo virtude e beleza na consciência do ser.

Tudo isso para que, no final desta longa jornada, retornemos ao regaço paternal no qual encontraremos o celeste banquete das almas remidas e depuradas por suas próprias forças.

A filosofia dos Espíritos, pois, cobre todo o fanal evolutivo, apresentando-nos toda a grandeza de Deus e de Sua criação. Ela nos mostra que, se no mundo a injustiça ainda graceja, Deus é a suprema Justiça; se a mentira nos visita, Deus é a suprema Verdade; se a ignorância e a indiferença se apresentam, Deus é Amor.

---

8. Ver: *Gênesis*, 28:11–19.
9. Célebre escultor da Grécia Antiga.

Ó homens, ó meus irmãos, sois filhos da Justiça, da Verdade e do Amor. Sois convidados para o Supremo Concerto. Erguei-vos! Olhai para o Alto, vede as estrelas que dançam sob a inspiração da música celeste que o Supremo Maestro rege. Vede todas essas moradas de suprema felicidade que vos espera, o vosso destino é o Amor e a Ventura. Sede pacientes, tende fé no futuro, esforçai-vos em vossa jornada e ouvireis no seio de vossa consciência essa música divina que vos fará ver por detrás do véu da Verdade.

GASTON LUCE

A FILOSOFIA DOS ESPÍRITOS
COBRE TODO O FANAL EVOLUTIVO,
APRESENTANDO-NOS TODA A GRANDEZA
DE DEUS E DE SUA CRIAÇÃO. ELA
NOS MOSTRA QUE, SE NO MUNDO A
INJUSTIÇA AINDA GRACEJA, DEUS É A
SUPREMA JUSTIÇA; SE A MENTIRA NOS
VISITA, DEUS É A SUPREMA VERDADE;
SE A IGNORÂNCIA E A INDIFERENÇA
SE APRESENTAM, DEUS É AMOR.

Ó HOMENS, Ó MEUS IRMÃOS, SOIS FILHOS DA JUSTIÇA, DA VERDADE E DO AMOR. SOIS CONVIDADOS PARA O SUPREMO CONCERTO. ERGUEI-VOS!

4

A SUBLIME EDUCADORA

Filhos da alma, que Jesus nos abençoe muito!

A DOR, NO CAMPO DO ESPÍRITO, É SUBLIME FERRAMENTA QUE incorpora valores inefáveis para a nossa iluminação.[10]

O que seria do ouro se não fosse o fogo que lhe imprime forma e revela a joia?

O que seria do mármore bruto e rude se não fosse o cinzel aplicado a golpes que revela a sublime escultura?

O que seria do barro se não fosse a fornalha que lhe transforma em sofisticada cerâmica?

Cristianismo, ó, meus filhos, é sinônimo de martírio e cruz, mas também de redenção.

Aceitemos a dor, sublime educadora, e sorvamos de suas lições os estímulos para a realidade vindoura mais feliz.

Entendamos que ela revela forças misteriosas que subjazem as fontes fecundas da nossa consciência.

Despertemos sob o clarim do seu chamado e prossigamos.

Prossigamos em nossas tarefas, carregando as nossas cruzes, com alegria, pois, ao final da jornada, estará o Mestre de braços abertos nos aguardando.

---

10. Ver: Allan Kardec, *O Evangelho segundo o espiritismo*, cap. 5.

E abençoemos aos que nos perseguem, aos que nos caluniam e aos que não nos compreendem. Abençoemos a estes para que a vida nos abençoe com força e coragem para prosseguirmos em nossa jornada.

Amemos, meus filhos!

Amemos muito!

E, assim, a luz do mestre que emana da cruz clareará as sombras dos nossos caminhos.

Do servidor paternal e humílimo de sempre,

 BEZERRA

A DOR, NO CAMPO DO ESPÍRITO, É SUBLIME FERRAMENTA QUE INCORPORA VALORES INEFÁVEIS PARA A NOSSA ILUMINAÇÃO.

O QUE SERIA DO OURO SE NÃO FOSSE O FOGO QUE LHE IMPRIME FORMA E REVELA A JOIA?

O QUE SERIA DO MÁRMORE BRUTO E RUDE SE NÃO FOSSE O CINZEL APLICADO A GOLPES QUE REVELA A SUBLIME ESCULTURA?

O QUE SERIA DO BARRO SE NÃO FOSSE A FORNALHA QUE LHE TRANSFORMA EM SOFISTICADA CERÂMICA?

ACEITEMOS A DOR, SUBLIME EDUCADORA, E SORVAMOS DE SUAS LIÇÕES OS ESTÍMULOS PARA A REALIDADE VINDOURA MAIS FELIZ.

5

ESTAÇÃO INVERNAL

É BEM VERDADE QUE VIVEMOS A MEIA-NOITE TERRESTRE.[11] Dramas e conflitos conflagram mentes e corações à semelhança de uma verdadeira arena espiritual. O momento, portanto, é de atenção e vigilância.

Se te sentes cansado e oprimido, recorda que Cristo é o grande amigo capaz de restaurar as forças e pacificar o coração.

Ao enfrentarmos a estação invernal que hoje abate o mundo, cabe-nos meditar sobre a lição da semente que, compreendendo o clima hostil e frio, recolhe-se à gleba à espera da primavera sem, no entanto, deixar de realizar no seio do solo dadivoso e silencioso o trabalho interior que lhe cabe.

O mundo, hoje, é um verdadeiro inverno espiritual; recolhe, medita e serve silenciosamente em favor de todos que te buscarem o coração.

Se te buscam com as pedras da difamação, recolhe, medita e serve, pavimentando novos caminhos com os calhaus que te foram lançados.

Se te buscam com os dardos venenosos da incompreensão, recolhe, medita e serve, extraindo da substância venenosa os elementos curadores para balsamizar feridas de tantas almas sofridas.

---

11. Ver: Allan Kardec, *A gênese*, cap. 18, itens 1–8.

Se te buscam com o chicote hostil da indiferença, recolhe, medita e serve, transformando as feridas em cicatrizes de perdão e virtude que te servirão como couraça protetora.

Recorda os exemplos luminosos do Cristo, que se recolheu ao horto para orar frente à tragédia que se anunciava. Ele meditou silenciosamente diante de Caifás; serviu por meio da infamante cruz diante da multidão ensandecida.

Serve um pouco mais, ama na medida das tuas forças, silencia e trabalha, e verás que o fardo que te pesa nos ombros é instrumento de reabilitação e construção da felicidade primaveril almejada.

 ALBINO

O MUNDO, HOJE, É UM VERDADEIRO INVERNO ESPIRITUAL; RECOLHE, MEDITA E SERVE SILENCIOSAMENTE EM FAVOR DE TODOS QUE TE BUSCAREM O CORAÇÃO.

SE TE BUSCAM COM AS PEDRAS DA DIFAMAÇÃO, RECOLHE, MEDITA E SERVE, PAVIMENTANDO NOVOS CAMINHOS COM OS CALHAUS QUE TE FORAM LANÇADOS.

RECORDA OS EXEMPLOS LUMINOSOS DO CRISTO, QUE SE RECOLHEU AO HORTO PARA ORAR FRENTE À TRAGÉDIA QUE SE ANUNCIAVA. ELE MEDITOU SILENCIOSAMENTE DIANTE DE CAIFÁS; SERVIU POR MEIO DA INFAMANTE CRUZ DIANTE DA MULTIDÃO ENSANDECIDA.

6

O LIVRO DOS MÉDIUNS E O PORVIR

ESDE A MAIS REMOTA ANTIGUIDADE, O HOMEM INTUI A REAlidade invisível e transcendente da vida. Ainda nas sociedades caçadoras-coletoras, as vozes dos ancestrais davam mostra da perenidade da alma, advertindo e instruindo os seus líderes.

No antigo Egito, a mediunidade se notabilizava nos mistérios iniciáticos de Ísis e Osíris, convertendo-se em uma experiência de rara beleza, que serviria de testemunho enobrecedor e secundaria outras civilizações na prática das nobres verdades espirituais. Em toda a Hélade,[12] tanto nos mistérios órficos e nos de Elêusis quanto no templo de Delfos, a mediunidade foi testemunhada em suas misérias e gloriosas possibilidades. Ainda na Grécia, vimos o nobre mestre de Atenas, Sócrates, ensinando e pregando sob o domínio do seu *daimon*, que lhe revelou o reino do Espírito.

Na Palestina ou no exílio, os filhos de Abraão, igualmente, deram testemunho da intervenção do mundo invisível. Encontramos em Moisés e Daniel, e em Jeremias e Isaías, testemunhas da grandeza da mediunidade bem exercida e bem direcionada. Mas foi com o Filho de Maria e José que o mundo conheceu

---

12. Nome pelo qual os territórios atualmente pertencentes à moderna Grécia eram chamados durante a Antiguidade Clássica.

as mais altas expressões da mediunidade. Jesus foi – e é – o médium de Deus. O Sublime Mensageiro cantou a sua inesquecível mensagem do monte, rodeado de entidades angélicas. No Monte Tabor,[13] em fenômeno de rara beleza, dialogou com duas sublimes entidades. A vida do Cristo é testemunha de tudo o que a mediunidade é capaz de realizar. Eternizada pelos evangelistas, mas marcada nas memórias dos seus discípulos, vemos o momento da sua ressurreição espiritual como um dos mais relevantes testemunhos da imortalidade da alma.

No cristianismo da primeira hora, a mediunidade foi porta-voz entre o céu e a terra. Em várias comunidades cristãs, em Roma ou Jerusalém, Alexandria ou Cesareia, Antioquia ou Lugdunum, a diversidade dos carismas – da qual falava Paulo em sua carta aos coríntios[14] – era exercida religiosamente. Na longa noite medieval, vimos testemunhos de inumeráveis almas nobres que se martirizaram frente à ignorância clerical. Joana, a elevada pucela[15] de Domrémy, sem dúvida alguma foi a mais elevada testemunha da intervenção do invisível, pagando o preço, com a própria vida, por não negar que o espírito do senhor derramava sobre a sua carne, conforme anteviu o profeta Joel.[16]

---

13. Ver: *Mateus*, 17:1–13, e *Lucas*, 9:28–36.

14. Ver: *1 Coríntios*, 12:4.

15. Donzela.

16. Ver: *Joel*, 2:28.

A história da humanidade também é a história da mediunidade. Nela, reis e plebeus, ricos e pobres, santos e perversos, gênios e ignorantes deram testemunhos dessa realidade em tudo o que de elevado e desditoso ela pode realizar. Mas foi preciso que a humanidade amadurecesse moral e intelectualmente para que o Alto legasse um tratado completo, vasto e profundo sobre a mediunidade. Seu autor, emergindo das antigas tradições celtas e cristãs, com experiência milenar de contato com o invisível, trouxe à lume, na Paris iluminista de 1861, *O livro dos médiuns*. Allan Kardec! O mundo ainda não lhe decifrou nem glorificou o seu hercúleo esforço e dadivoso périplo ao continente do invisível. Gênio humilde e sincero, apagou-se para que as verdades dos céus fossem vistas na noite da ignorância e das misérias humanas. Alma de rara beleza, portador de virtudes indecifráveis pela peia humana, conjugava inteligência, virtude e sensatez como poucas vezes se viu.

O livro dos médiuns foi o primeiro tratado experimental sobre a mediunidade, categorizando o fenômeno e analisando as suas possibilidades, demonstrando os seus perigos e apontando as condições de soerguimento e dignificação. Em suas páginas, médiuns e pesquisadores encontraram – e ainda encontram e encontrarão – farta análise que aponta caminhos entre a terra e o céu.

No futuro, irmãos e irmãs, a humanidade reconhecerá em *O livro dos médiuns* o primeiro mapa do continente invisível, e, em Allan Kardec, o descobridor desse novo continente, que unirá as duas humanidades, a invisível e a visível; daí poderão dar-se as mãos em comunhão sincera e fraterna em uma nova aliança para o progresso e a verdade.

Com a contribuição de *O livro dos médiuns*, a medicina, enxergando no homem um Espírito transitando na carne, encontrará no tecido sutil do seu perispírito novos elementos de compreensão de uma saúde mais integral e profunda. A história, a antropologia e a arqueologia encontrarão nos refolhos mais profundos do psiquismo humano, à luz da imortalidade da alma e sua transmigração, uma nova fonte de pesquisa das civilizações de outrora, assim como a mediunidade dará voz às testemunhas que experienciaram a transitoriedade de personagens marcantes que envergaram anteriormente. A economia e a ciência política, em suas análises e planificações, abolirão o homem das suas insinuações egoístas e perversas. A pedagogia encontrará no Espírito um ser amplamente vasto, antigo e complexo, educando-o como tal com vistas à sua imortalidade. As ciências físicas e exatas entenderão que o universo, assim como o Espírito, é muito mais amplo, complexo e sutil do que os seus instrumentos de hoje são capazes de capturar; daí sairão novas possibilidades de intercâmbio com o invisível, com a tecnologia que apresentará com mais clareza e bonança a vida da erraticidade.

Saudamos, pois, a nobre iniciativa de celebrar a marcante efeméride dos 160 anos de lançamento de *O livro dos médiuns*. Nós, os Espíritos espíritas, queremos, ainda e sempre, comemorar e entrelaçar com todos vós, em união fraternal, a blandícia, erguendo o nosso testemunho de gratidão e respeito à nobre alma do apóstolo do Espírito de Verdade Allan Kardec.

Nobre mestre, que das esferas celestes que habitais, o nosso sincero e singelo hino de amor e gratidão lhe alcance e lhe enalteça.

 GUSTAVE GELEY

NO FUTURO, A HUMANIDADE RECONHECERÁ EM *O LIVRO DOS MÉDIUNS* O PRIMEIRO MAPA DO CONTINENTE INVISÍVEL, E, EM ALLAN KARDEC, O DESCOBRIDOR DESSE NOVO CONTINENTE, QUE UNIRÁ AS DUAS HUMANIDADES. DAÍ PODERÃO DAR-SE AS MÃOS EM COMUNHÃO SINCERA E FRATERNA EM UMA NOVA ALIANÇA PARA O PROGRESSO E A VERDADE.

COM A CONTRIBUIÇÃO DE *O LIVRO DOS MÉDIUNS*, A MEDICINA, ENXERGANDO NO HOMEM UM ESPÍRITO TRANSITANDO NA CARNE, ENCONTRARÁ NO TECIDO SUTIL DO SEU PERISPÍRITO NOVOS ELEMENTOS DE COMPREENSÃO DE UMA SAÚDE MAIS INTEGRAL E PROFUNDA.

7

SERVOS VIGILANTES

E ENTÃO? NÃO PUDESTES VIGIAR
COMIGO DURANTE UMA SÓ HORA?
» MATEUS, 26:40

AS ANOTAÇÕES EVANGÉLICAS SÃO IMPREGNADAS DE PROFUNdas lições de alto valor para a vivência cristã e para a iluminação espiritual. Cabe aos candidatos da obra do Senhor terem atenção e refletirem para tirar dos episódios da vida do Mestre as estrelas que deverão constelar e iluminar a jornada cósmica rumo a Deus.

O mundo, tal como no horto das aflições do Cristo, ainda é dominado pelos golpes de força e pela ganância da velha Roma, corrompido pela impenitência sarcástica dos fariseus contemporâneos e pela espiritualidade barata e ambiciosa do Sinédrio passageiro.

No entanto, vale lembrar que o Senhor continua orando e velando no horto. O mundo não está entregue às forças malignas e circunstantes.

É preciso, pois, se já queres laborar na obra do Senhor, entender que, apesar das grandes lutas que impregnam o mundo de dores e aflições e que nos chocam como outrora, é preciso atenção e vigilância nesta hora grave. O momento é de esperança e confiança nos poderes espirituais que verdadeiramente governam este mundo.

Se o mal cresce, em medida proporcional as oportunidades do bem igualmente crescem, como na parábola do joio e do trigo, que nos apresenta à hora aprazada a oportunidade de servir, perdoar e amar.

Atenção, atenção! Essa é a hora em que o Senhor nos convida a vigiar com ele.

Na Terra, encontramos os que julgam que o mundo se transformará a golpes revolucionários de armas e ideias transitórias, como Barrabás; outros que acreditam na política circunstante que seduziu Judas, imaginando que o Cristo se renderia aos seus caprichos; também os que, como Pedro, alardeiam força e brutalidade na defesa evangélica.

Nesse tocante, amigos diletos do coração, a experiência da convertida de Magdala é relevante e enobrecedora. A nobre amiga do Cristo não cristalizou os erros de outrora como tantos, não se revoltou com o mundo após ser impregnada com a mensagem do monte, e muito menos viu nela obra para demolição das velhas fórmulas egoísticas que impregnam o mundo até hoje.

Madalena encontrou no seu mundo interior os senhores de Roma, os debatedores mesquinhos do Sinédrio e os rígidos fariseus. Permaneceu, ante o seu horto das aflições íntimas, vigiando com o Senhor para que as forças da mensagem renovadora, como o trigo da parábola do Cristo, crescessem perenemente e as velhas fórmulas do joio da transitoriedade fossem arrancadas e jogadas ao fogo das expiações glorificantes.

Vigiemos com o Senhor nessa hora grave e de grandes labores espirituais!

Olhemos para o nosso universo íntimo e corrijamos o pensamento do Judas que povoa as nossas reflexões, a verborragia e o olhar anuviado do Barrabás interior e a ação desastrosa de nosso Pedro no horto. Portanto, iluminemos o pensamento, o verbo, o olhar e a ação.

⇒ HANNS

O MUNDO, TAL COMO NO HORTO DAS AFLIÇÕES DO CRISTO, AINDA É DOMINADO PELOS GOLPES DE FORÇA E PELA GANÂNCIA DA VELHA ROMA, CORROMPIDO PELA IMPENITÊNCIA SARCÁSTICA DOS FARISEUS CONTEMPORÂNEOS E PELA ESPIRITUALIDADE BARATA E AMBICIOSA DO SINÉDRIO PASSAGEIRO.

NO ENTANTO, VALE LEMBRAR QUE O SENHOR CONTINUA ORANDO E VELANDO NO HORTO. O MUNDO NÃO ESTÁ ENTREGUE ÀS FORÇAS MALIGNAS E CIRCUNSTANTES.

SE O MAL CRESCE, EM MEDIDA PROPORCIONAL AS OPORTUNIDADES DO BEM IGUALMENTE CRESCEM, COMO NA PARÁBOLA DO JOIO E DO TRIGO, APRESENTA-NOS A HORA APRAZADA, OPORTUNIDADE DE SERVIR, PERDOAR E AMAR.

VIGIEMOS COM O SENHOR NESSA HORA GRAVE E DE GRANDES LABORES ESPIRITUAIS!

8
BILHETE DE UM IRMÃO DE LUTAS

E, POR SE MULTIPLICAR A INIQUIDADE,
O AMOR DE MUITOS ESFRIARÁ.
» MATEUS, 24:12

Meus amigos,

O MUNDO SE TRANSFORMOU EM UM CAMPO DE LUTAS E DE EXperiências dolorosas. Como é natural, todo aprendiz é chamado aos testemunhos redentores. Testemunhos que, se bem compreendidos e vividos, capacita-nos a novas possibilidades de aprendizado e elevação. Porém, não raras vezes, aprendizes há que, ao primeiro clarim do chamamento, tombam à margem do caminho, retardando a marcha.

Por certo, o tempo é de testemunhos. E todos os cristãos despertos são chamados a testemunhar a grandeza do amor do Mestre.

O tempo que se aproxima, como é natural em processos de grandes crises, é um momento de atenção e de genuína vivência cristã. O mundo se transformou em palco de experiências amargas e destrutivas. Lembremo-nos do Apóstolo dos Gentios: "Andai, pois, como filhos da luz".[17]

No mundo, operam as forças do ódio, da violência e da indiferença. No entanto, Jesus venceu o mundo e nos convida ao exercício do amor, da paz e da fraternidade ativa.

Se o mundo vos conclama ao ódio, amai um pouco mais e oferecei-vos para caminhar mais dois mil passos.

---

17. Ver: *Efésios*, 5:8–10.

Se o mundo os conclama à violência, amai um pouco mais e oferecei a outra face.

Se o mundo os conclama à indiferença, amai um pouco mais e oferecei também a túnica.

O mundo, por certo, apresentar-se-á como inverno estranho e melancólico e tentará contra os nossos corações, buscando enregelar as nossas nobres aspirações. Mas Jesus é o Senhor da Primavera, aquele que nos traz o perfume do amor. Sol em que deverão gravitar todas as nossas nobres aspirações, Ele nos legou esse momento de lutas apostando em nossa redenção.

Lembrai sempre que a Terra, remida e feliz, pertencerá aos mansos e pacíficos de coração.[18]

Coragem, meus amigos! Não vos amedronteis ante a matilha de lobos vorazes. Estais sobre a tutela do bom pastor.

Amai-vos, perdoai-vos e trabalhai para o bem de todos.

Que as luzes do mais Alto estejam sempre em vossos caminhos e que a fraternidade aqueça o coração de todos.

⇒ RENÉ ALBERICO

---

18. Ver: Allan Kardec, *O Evangelho segundo o espiritismo*, cap. 9.

O MUNDO, POR CERTO, APRESENTAR-SE-Á COMO INVERNO ESTRANHO E MELANCÓLICO E TENTARÁ CONTRA OS NOSSOS CORAÇÕES, BUSCANDO ENREGELAR AS NOSSAS NOBRES ASPIRAÇÕES. MAS JESUS É O SENHOR DA PRIMAVERA, AQUELE QUE NOS TRAZ O PERFUME DO AMOR. SOL EM QUE DEVERÃO GRAVITAR TODAS AS NOSSAS NOBRES ASPIRAÇÕES, ELE NOS LEGOU ESSE MOMENTO DE LUTAS APOSTANDO EM NOSSA REDENÇÃO.

AMAI-VOS, PERDOAI-VOS E TRABALHAI PARA O BEM DE TODOS.

9

UM DIVULGADOR ESPÍRITA

Criaturas,

QUANDO ESTAVA POR AÍ, DESSE LADO MAIS MATERIAL DA VIDA, percebi nos postulados espíritas e em sua mensagem um poderoso antídoto capaz de dissipar as nossas dúvidas, espalhar esperança e restaurar a nossa alegria.

Motivado por essa percepção, dediquei minha vida, minhas esperanças e minhas forças a espalhar a mensagem. A tarefa não foi fácil, e minhas limitações eram muitas. Algumas vezes, vacilei; outras, temi e duvidei, mas entendia que era preciso ir adiante, e assim o fiz. Muitas vezes, amargurado pelas dificuldades e perseguições, busquei na prece e na alegria o combustível para tocar o barco.

A vida seguiu, os anos passaram e percebi que não conseguiria realizar todos os meus sonhos quanto à divulgação espírita. À medida que a morte se aproximava, intimamente sentia que havia feito o que era possível, dentro das minhas forças e condições. Sei que não fui de trato fácil; fui polêmico e franco, sonhador por demais para alguns, mas minha consciência se fez tranquila frente à morte, pois sempre fui honesto com minhas intenções. E, no instante supremo onde o Espírito passa em revista a sua vida, constatei com emoção que os instantes mais felizes foram os dedicados à família, às coisas simples da vida e à causa que impus a minha existência, o espiritismo. Mas o espiritismo alegre e sorridente! Valeu a pena.

Dormi o sono dos imortais para despertar do outro lado. Com a colaboração de Petitinga e de outros benfeitores, fui entendendo a nova realidade. Quão gratificante é perceber e constatar as verdades espíritas.

Certa feita, preparava-me para o repouso e comecei a sentir uma emoção profunda, um misto de contentamento e gratidão. Apurando um pouco mais as minhas percepções psíquicas, ouvi uma voz distante, mas carregada de carinho e ternura. Uma pobre senhora orava por mim com tamanho sentimento que fui às lágrimas. Vocês sabem, eu me derreto como manteiga com essas cenas.

Fiquei tão tocado que, na manhã seguinte, ainda envolvido pelas salutares vibrações da amiga oculta, questionei um amigo espiritual sobre ela.

— Ora, Alamar, essa é a dona Ermelinda. Viúva, mãe sempre atenta e carinhosa, mora no interior de São Paulo. Vem orando por você, diariamente, desde que soube da sua desencarnação. Essas vibrações de carinho e gratidão muito lhe ajudaram.

— Mas, afinal, por quê? — indaguei intrigado.

— Certa feita, em uma das transmissões do "Espiritismo Via Satélite", muito auxiliaste o filho que estava desesperado, principalmente pelo desemprego que levara desconforto e intrigas ao seu consórcio matrimonial. Naquela manhã de domingo, aflito e com ideações suicidas, ele resolveu ir à casa da mãezinha. Com o peito opresso e cheio de dor, aquiesceu o convite da mãe para assistirem ao programa juntos. Deitado no colo da mãezinha, que o acolheu cheia de ternura, e envolvido com os esclarecimentos espíritas e com a ação de Espíritos generosos, foi mudando as suas vibrações mentais. Com o apoio desses benfeitores, alguns Espíritos em sofrimento que o oprimiam espiritualmente foram esclarecidos, descongestionando a sua mente para que ideias renovadoras, tal como o Sol que espanta as trevas da noite escura, levassem-lhe as luzes da esperança e de novos tempos. Essa mãezinha atribuiu a você o bom ânimo restaurado de seu filho, muito embora, claro, não seja bem assim. E, desde então, um elo de simpatia e de viva amizade os entrelaça.

★

Criaturas, hoje vejo quão pouco fiz, mas, ao mesmo tempo, sei que o Senhor multiplica as nossas sementes de mostarda. Quantos corações podemos alcançar, quanto bom ânimo podemos ajudar a restaurar!

Sigam em frente! Lembrem-se do sorriso de Kardec! Lembrem-se de que o espiritismo é alegria e sigam semeando as sementes da esperança, porque, muito embora as lutas pelo caminho sejam muitas, a colheita é certa após a morte.

≈ ALAMAR

QUANDO ESTAVA POR AÍ, DESSE LADO MAIS MATERIAL DA VIDA, PERCEBI NOS POSTULADOS ESPÍRITAS E EM SUA MENSAGEM UM PODEROSO ANTÍDOTO CAPAZ DE DISSIPAR AS NOSSAS DÚVIDAS, ESPALHAR ESPERANÇA E RESTAURAR A NOSSA ALEGRIA.

MOTIVADO POR ESSA PERCEPÇÃO, DEDIQUEI MINHA VIDA, MINHAS ESPERANÇAS E MINHAS FORÇAS A ESPALHAR A MENSAGEM.

CRIATURAS, HOJE VEJO QUÃO POUCO FIZ, MAS, AO MESMO TEMPO, SEI QUE O SENHOR MULTIPLICA AS NOSSAS SEMENTES DE MOSTARDA. QUANTOS CORAÇÕES PODEMOS ALCANÇAR, QUANTO BOM ÂNIMO PODEMOS AJUDAR A RESTAURAR!

SIGAM EM FRENTE! LEMBREM-SE DO SORRISO DE KARDEC! LEMBREM-SE DE QUE O ESPIRITISMO É ALEGRIA E SIGAM SEMEANDO AS SEMENTES DA ESPERANÇA, PORQUE, MUITO EMBORA AS LUTAS PELO CAMINHO SEJAM MUITAS, A COLHEITA É CERTA APÓS A MORTE.

10

BILHETE
A JESUS

BONDOSO MESTRE NAZARENO, EIS QUE A NOSSA ALMA, EM júbilo, levanta os olhos na direção do Teu augusto coração.

Reconhecemos, Senhor, a nossa pequenez frente à Tua inolvidável grandeza. Mas, Senhor, permita-nos, mais uma vez, cantar o hino sagrado das almas esperançosas que, muito embora as grandes lutas do mundo, sabem ecoar a esperança por meio da eterna melodia do amor e da ternura.

Sabemos, Sublime Peregrino, que outrora nosso Espírito infante, tisnado pela ignorância e pela violência, sucumbiu sob o peso do erro e da maldade.

Na África continental, berço espiritual e místico da nossa civilização, transformamos sabedoria e transcendência em força para o triunfo sobre os nossos inimigos, traindo as forças superiores que nos assessoraram. Na Grécia, escarnecemos do grande e sábio Sócrates; na ágora, transformamos filosofia e saber em violência civilizatória, acompanhando Alexandre, o príncipe macedônico, até os confins do mundo conhecido, espalhando morte e o domínio da força. Sob a tutela da civilização abraâmica, transformamos o sofisticado culto ao Deus único em força cristalizadora da soberba e do orgulho. Com Krishna, Fo-Hi e Buda, as grandes estrelas do Oriente, transformamos a luz pura da sabedoria em masmorras dogmáticas em que a verdade foi torturada até a morte. Mas, eis que Tu mesmo vieste em vestes de carne entre nós, e transformamos o Teu amor em cruz, a Tua paz em espada, a Tua fraternidade em cruzadas e fogueiras nas quais imolamos os Teus mensageiros.

Eis-nos aqui, Senhor, novamente nas paisagens terrestres, buscando extrair do nosso coração a víbora do egoísmo e do orgulho que nos afasta do paraíso da consciência remida e pura, em que ouviremos o *Abba*, o Paizinho de amor infinito.

Ó, bondoso Jesus, dai-nos forças para transformar a nossa rebeldia em disciplina amorosa; a violência autodestruidora em coragem espiritual e soerguimento moral; as trevas da descrença em fé pura e serena; o joio do egoísmo no trigo da caridade.

Assim, inolvidável Amigo, ao final das lutas desta vida, que a nossa alma se rejubile com a Tua luz e cante a alegria das almas remidas pelo Teu amor.

 HANNS

Ó, BONDOSO JESUS, DAI-NOS FORÇAS PARA TRANSFORMAR A NOSSA REBELDIA EM DISCIPLINA AMOROSA; A VIOLÊNCIA AUTODESTRUIDORA EM CORAGEM ESPIRITUAL E SOERGUIMENTO MORAL; AS TREVAS DA DESCRENÇA EM FÉ PURA E SERENA; O JOIO DO EGOÍSMO NO TRIGO DA CARIDADE.

11

UM SÓ POVO, UMA SÓ NAÇÃO

AINDA ME EMOCIONO QUANDO RECORDO AS NOITES DE MINHA África na floresta e na savana; o zimbório estrelado chamando-me para Deus. Ó, Potência infinita, quão grande é o Teu amor que se espraia por toda a criação!

Ajoelho-me e canto um hino tímido em Teu nome. Ouço as vozes que, de longe, alcançam-me a falar da Tua grandeza.

Vejo, ó Pai, em toda a criação o Teu nome falando-me da escada infinita de Jacó, da qual tateio os primeiros degraus. No tirano e no anjo há o Teu nome; na semente e nas grandiosas arvores há o Teu nome; na relva cheia de verdura e nos montes enevoados há o Teu nome.

Lanço o meu olhar para a humanidade e vejo as grandes lutas que se desenrolam em seu seio. Há, ainda, a guerra e o colonialismo, a economia para poucos e a fome tiranizante; as paixões soezes e política corrompida. Mas, ó, Pai! Quanta beleza e virtude há no olhar de uma criança, quanta felicidade em um abraço que soergue, quanta esperança em uma mãezinha embalando, com beijos de ternura, o seu rebento. Sim, Tu és amor! E como Teus filhos, viveremos, no futuro, as alegrias do amor.

África, ó minha África! Terra de um parto sagrado. Será do teu ventre, tão sofrido, que sairá o canto futuro que ensinará toda humanidade a amar. Fraternidade! Cantemos, meus irmãos! Sim, somos irmãos e vivamos como tais. Sentemo-nos à mesa da fraternidade e repartamos o pão da esperança, bebamos na taça da solidariedade o néctar sagrado do amor universal.

Somos um só, na grande teia da vida. Somos um só povo, somos uma só nação.

Ubuntu,[19] eis que entoam os ancestrais.
Ubuntu, eis que entoam os imortais.
Ubuntu, eis o símbolo da fraternidade.

➤ ALBERT SCHWEITZER

19. *Ubuntu* é uma noção existente nas línguas zulu e xhosa, faladas pelos povos da África subsaariana. A palavra *ubuntu*, para a qual não há tradução literal em nenhuma outra língua, apresenta o sentido de "humanidade para com os outros". Ela exprime a consciência da relação entre o indivíduo e a comunidade. Segundo o arcebispo anglicano Desmond Tutu, autor de uma teologia *ubuntu*, "a minha humanidade está inextricavelmente ligada à sua humanidade". Essa noção de fraternidade implica compaixão e abertura de espírito e se opõe ao narcisismo e ao individualismo.

ÁFRICA, Ó MINHA ÁFRICA! TERRA DE UM PARTO SAGRADO. SERÁ DO TEU VENTRE, TÃO SOFRIDO, QUE SAIRÁ O CANTO FUTURO QUE ENSINARÁ TODA HUMANIDADE A AMAR. FRATERNIDADE! CANTEMOS, MEUS IRMÃOS! SIM, SOMOS IRMÃOS E VIVAMOS COMO TAIS. SENTEMO-NOS À MESA DA FRATERNIDADE E REPARTAMOS O PÃO DA ESPERANÇA, BEBAMOS NA TAÇA DA SOLIDARIEDADE O NÉCTAR SAGRADO DO AMOR UNIVERSAL.

12

OS DEVERES QUE NOS CABEM

Meus irmãos,

A DOUTRINA QUE ABRAÇAMOS É OBRA EDUCATIVA PARA A NOSSA humanidade, ainda renitente e transgressora da Lei Divina. Nela, encontramos os recursos necessários para nossa autoiluminação. Se bem compreendida, aplicada e vivida, encontramos a tão esperada felicidade.

Foi nela que tive consolo e paz. Em suas letras, minha alma encontrou caminho e orientação. Em sua vivência, estando junto dos que mais sofrem e dos deserdados deste mundo, encontrei esperança, otimismo e alegria de viver.

Espiritismo é, pois, um programa de ressignificação existencial. Com ele, a dor se transforma em amiga educadora; a queda, em aprendizado na senda evolutiva; a aflição, em convite à esperança; a morte, em vida imortalista.

Espíritas, meus irmãos, que possamos, pois, imbuir-nos dos deveres que nos cabem nessa hora em que a humanidade atravessa os seus últimos ais. Esqueçamos as nossas diferenças[20] e, com espírito de fraternidade, socorramos o órfão e o carente de pão,

---

20. Ver: Allan Kardec, *Viagem espírita em 1862*, cap. "Discurso Pronunciados nas Reuniões Gerais dos Espíritas de Lyon e Bordeaux", item 3.

instruamos o analfabeto, visitemos fraternalmente o encarcerado, ouçamos o aflito e desesperado, espalhando consolo por este mundo de tantas dores.

A Caridade e a Fraternidade são nossos maiores deveres. Que as diferenças, naturais por certo, sejam tratadas em clima de tolerância e solidariedade para que o trabalho avance e cresça na Vinha do Senhor.

Unamo-nos com o Evangelho e pelo Evangelho, que é o sublime código que norteará a civilização vindoura.

Com votos de união, trabalho e caridade,

➤ **MILITÃO PACHECO**

ESPIRITISMO É UM PROGRAMA DE RESSIGNIFICAÇÃO EXISTENCIAL. COM ELE, A DOR SE TRANSFORMA EM AMIGA EDUCADORA; A QUEDA, EM APRENDIZADO NA SENDA EVOLUTIVA; A AFLIÇÃO, EM CONVITE À ESPERANÇA; A MORTE, EM VIDA IMORTALISTA.

13

AO MESTRE
ALLAN KARDEC

ALLAN KARDEC, Ó MESTRE, EU TE BENDIGO POR TUA DADIVOSA missão de romper com as amarras do materialismo egoísta. Eu te bendigo, pois, de tuas mãos, saíram estrelas que iluminam a noite de muitos viajantes.

Ó, mestre, sábio de tempos longínquos, alma nobre e augusta, tua luz nos alcança e nos faz ajoelhar, em júbilo, por tua grandeza. O teu amor se espraia como a luz solar e primaveril que anuncia a manhã suave e doce.

Quanta luz! Mas, como todo missionário, tu te apagaste para que a mensagem se fizesse mais alta. O teu olhar, impregnado de humildade, contemplou todas as mazelas da nossa humanidade, tingida de orgulho e vaidade, e levantaste bem alto a bandeira da caridade.

Quantas mães, acorrentadas ao poste do desespero, encontraram em tuas páginas lustrais o consolo dadivoso que porfia a morte e faz brilhar a luz da esperança imortalista de seus filhos?

Quantos ensandecidos pelo desespero encontraram em tuas obras rumo e direção?

Quantos viciosos encontraram em teu pensamento a estrada de damasco interior?

E hoje, querido mestre, quando celebramos o teu nome e a tua virtude, ouvimos das vozes celestes de que foste portador o hino sagrado da fraternidade. Elas nos dizem: "Espíritas, amai-vos... Espíritas, instruí-vos".[21] E nós, os Espíritos espíritas que aqui estamos, por nossa vez, dizemos: Ó, irmãos, unamo-nos em torno do ideal da fraternidade! Esqueçamos, mesmo que por um instante, as diferenças e nos abracemos, para que a nossa grande causa seja o elo sagrado que unirá em uma só voz o canto ao mundo: Homens, sois imortais, sois filhos do Altíssimo, sois irmãos.

⇒ ALEXANDRE DELANNE

---

21. Ver: Allan Kardec, *O Evangelho segundo o espiritismo*, cap. 6, item 5.

ALLAN KARDEC, Ó MESTRE, EU TE BENDIGO POR TUA DADIVOSA MISSÃO DE ROMPER COM AS AMARRAS DO MATERIALISMO EGOÍSTA. EU TE BENDIGO, POIS, DE TUAS MÃOS, SAÍRAM ESTRELAS QUE ILUMINAM A NOITE DE MUITOS VIAJANTES.

Ó, MESTRE, SÁBIO DE TEMPOS LONGÍNQUOS, ALMA NOBRE E AUGUSTA, TUA LUZ NOS ALCANÇA E NOS FAZ AJOELHAR, EM JÚBILO, POR TUA GRANDEZA. O TEU AMOR SE ESPRAIA COMO A LUZ SOLAR E PRIMAVERIL QUE ANUNCIA A MANHÃ SUAVE E DOCE.

14

A HORA E O MOMENTO

Amigos e amigas,

O MUNDO SE AGITA EM TODOS OS SEUS POLOS; CRISES DE TO-das as montas perpassam a nossa decrepita civilização e, não raras vezes, o homem, atento ao momento, lança um olhar pessimista para o horizonte frente às agruras e aos desafios que vivencia.

Cansado e, muitas vezes, enfadado com as grandes conquistas do seu tempo, o homem se assemelha a uma criança que, após se distrair com seus brinquedos, abandona-os à própria sorte, entediada, lançando o olhar ao entorno em busca de novidades e entretenimento. Nessa hora, muitos se questionam: Qual é o sentido da existência? Qual é o devir?

Se as filosofias do século XX, amarguradas em si mesmas, entregavam taças de fel aos homens e, com um sorriso cínico, diziam-lhes sobre o nada e o acaso, as vozes longínquas do passado nos alcançam como a harmonia de um coro regido por Händel, falando-nos que a vida tem um proposito supremo e que leis soberanas nos guiam à felicidade.

Mesmo assim, a humanidade nos parece hoje um Narciso, evocando em seu espelho todo o transbordar de suas paixões que fecundam o solo fétido ao qual está preso. O hedonismo, o egoísmo e as vaidades nos escravizam e, com isso, há um vazio tácito que atemoriza a nossa civilização.

Estes são o momento e a hora que vivemos!

O que pode o espiritismo apresentar ao homem desta hora? Pois bem, o espiritismo bem compreendido, em sua essência, é um convite à harmonia. Nele, espírito e matéria, vida e morte não são mais forças que se chocam, mas, pelo contrário, que se fundem para impulsionar o progresso e a virtude.

O espiritismo é a doutrina que nos apresenta de maneira clara às grandes verdades da existência. Nele não mais somos corpos à mercê da casualidade biológica, mas Espíritos autônomos e livres; nele não somos mais viajantes vagantes aguardando o túmulo, mas Espíritos herdeiros do universo rumando à Casa do Pai.

Ó homens, ó meus irmãos, a existência com suas agruras e espinhos é fonte suprema de aprendizado na escola do progresso. Crede-me: ela nos prepara, de vida em vida, para a felicidade que a existência terrestre não é capaz de nos dar.

Se o momento nos impõe desafios, o futuro nos sopra alvorada nova, cheia de luz e esperança. Sejamos, pois, espíritas que somos, portadores da boa nova de esperança e verdade. Levemos, pelo exemplo e pela vivência, as claridades à sua mensagem: balsamizando as dores, reerguendo o ânimo, alimentando os que têm fome.

Conosco, muitos Espíritos espíritas vos enviam o ósculo de estímulo e fraternidade.

⮞ ANGEL AGUAROD

SE O MOMENTO NOS IMPÕE DESAFIOS, O FUTURO NOS SOPRA ALVORADA NOVA, CHEIA DE LUZ E ESPERANÇA. SEJAMOS, POIS, ESPÍRITAS QUE SOMOS, PORTADORES DA BOA NOVA DE ESPERANÇA E VERDADE. LEVEMOS, PELO EXEMPLO E PELA VIVÊNCIA, AS CLARIDADES À SUA MENSAGEM: BALSAMIZANDO AS DORES, REERGUENDO O ÂNIMO, ALIMENTANDO OS QUE TÊM FOME.

15

AS POTÊNCIAS DA ALMA

O ESPÍRITO É FILHO DO SEU PRÓPRIO TEMPO, E ESTE, O TEMPO, é instrumento sublime por meio do qual o Espírito interage com a realidade, gerando mais vida e evolução.

O passado é dínamo construtor da nossa realidade presente e, em circuito com ela, aplainamos a estrada para a realidade vindoura, feliz ou desditosa, em consonância com a liberdade de agir e ser com a qual todos, como filhos de Deus, somos dotados.

Nesse sentido, portanto, o Espírito, interagindo com a matéria, vai singrando pelo espaço cósmico, descobrindo a Criação Divina da qual ele mesmo é força ativa. Nas formas elementares, estagiando na diversidade dos reinos da natureza ainda como mônada primeva, pouco a pouco galga patamares novos na escada infinda de Jacó.

Mais amadurecido e consciente, ao alcançar o pensamento contínuo, o ser que anteriormente estava sob o império das leis que regem a matéria descobre em si a Lei Divina, atingindo uma nova fase: a fase da evolução consciente. Nesse longo e lento processo, por meio da lei de sociedade, o ser espiritual, mergulhado na carne, terá a oportunidade de agregar forças novas às de seus irmãos, elaborando no seio da sua consciência o *éthos* que lhe propicie harmonias interior e exterior juntamente com seus irmãos de jornada evolutiva.

A Lei Divina, imutável e reguladora da evolução moral dos Espíritos, promove, pouco a pouco, de vida em vida, a educação necessária para que a consciência e a vivência da lei se ampliem, propiciando felicidade e paz, beleza e vida plena.

Eis que o Espírito encontra em si as potências que coordenam sua ascese. A dor, o pensamento, a liberdade, a consciência, a vontade e o amor se conjugam em um processo harmônico e transcendente que impulsiona o Espírito para a frente e para o Alto.

Espíritas, amigos meus, saibamos sorver do manancial da revelação espírita a água pura para aplacar a nossa sede de evolutir, entendendo que a dor é mestra da vida; o pensamento é corcel a se disciplinar; a liberdade é valor inestimável a ser bem empregado; a consciência é mergulho em nós mesmos; a vontade é mola do progresso; e o amor é a sagrada conquista dos filhos do Altíssimo.

GASTON LUCE

A LEI DIVINA, IMUTÁVEL E REGULADORA DA EVOLUÇÃO MORAL DOS ESPÍRITOS, PROMOVE, POUCO A POUCO, DE VIDA EM VIDA, A EDUCAÇÃO NECESSÁRIA PARA QUE A CONSCIÊNCIA E A VIVÊNCIA DA LEI SE AMPLIEM, PROPICIANDO FELICIDADE E PAZ, BELEZA E VIDA PLENA.

EIS QUE O ESPÍRITO ENCONTRA EM SI AS POTÊNCIAS QUE COORDENAM SUA ASCESE. A DOR, O PENSAMENTO, A LIBERDADE, A CONSCIÊNCIA, A VONTADE E O AMOR SE CONJUGAM EM UM PROCESSO HARMÔNICO E TRANSCENDENTE QUE IMPULSIONA O ESPÍRITO PARA A FRENTE E PARA O ALTO.

16

NA LIDA EVANGÉLICA

É NECESSÁRIO QUE ELE CRESÇA
E QUE EU DIMINUA.
>> JOÃO, 3:30

Amigos e amigas,

A OBRA DO EVANGELHO É CAMINHO DE RESTAURAÇÃO PARA NOSsas almas. Em sua mensagem de amor imortal, que transcende o tempo e nos alcança, encontramos o bálsamo para nossas dores, a luz para os nossos caminhos, a fonte pura e generosa que aplaca nossa sede de infinito e redenção.

Sabendo disso, o servidor vigilante e atento aos seus deveres espirituais será capaz de enxergar na lida evangélica a sublime oportunidade que o Senhor da vinha lhe concedeu. Entenderá, por certo, a seu turno, que não pode menoscabar a oportunidade de trabalho, a charrua que lhe foi concedida para arar o campo e espalhar a semente do amor e do perdão, da esperança e da fé, e a indulgência e a boa-vontade.

No entanto, temos observado com atenção e carinho que não raras vezes, em nossos arraiais espiritistas, os valores que tanto prezamos e amamos têm sido objeto de torturante amnésia.

A tribuna, que tantas vezes ergueu corações, espalhando as bênçãos do consolo e da paz, tem se inebriado por aplausos e luzes sob as hostes dos tambores de Mamon, a seduzir e entorpecer. Não raras vezes, nosso coração sofre ao ver que as primeiras preocupações nem sempre são espalhar a boa palavra e o consolo amigo. Atenção!... Atenção, meus irmãos! O Evangelho é um tesouro precioso para ser menoscabado por nossas comezinhas ambições.

As realidades material e espiritual, por certo, são forças divinas no concurso de nossa evolução; entretanto, se não forem harmonizadas pelo bom senso e pela amorosidade, transformam-se em forças antagônicas e inconciliáveis.

Tenhamos em mente que o Evangelho clareado pelas luzes do espiritismo é um projeto de longo curso para a espiritualização dos homens. Nesse sentido, a nossas ações e propostas, levemos mais espiritualidade e vida.

Espiritualizemos o nosso verbo, espiritualizemos as nossas confraternizações e nossos esforços de união. Espiritualizemos as nossas sociedades espiritistas, levando sempre mais evangelho a todos os nossos campos de atuação e vivência. Pois, do contrário, aprisionaremos as sementes do Evangelho no crisol do materialismo.

Fujamos, pois, das luzes bruxuleantes da vaidade dos palcos, dos aplausos ensurdecedores, agindo com a simplicidade e a fraternidade que alicerçou a igreja primitiva.

Entreguemo-nos, pois, ao mestre divino, colocando as sandálias da nossa boa-vontade ao seu dispor e caminhando tal qual o Batista, que desde muito sentenciou: É necessário que ele cresça e que eu diminua.

 VINÍCIUS

TENHAMOS EM MENTE QUE O EVANGELHO CLAREADO PELAS LUZES DO ESPIRITISMO É UM PROJETO DE LONGO CURSO PARA A ESPIRITUALIZAÇÃO DOS HOMENS. NESSE SENTIDO, A NOSSAS AÇÕES E PROPOSTAS, LEVEMOS MAIS ESPIRITUALIDADE E VIDA.

ESPIRITUALIZEMOS O NOSSO VERBO, ESPIRITUALIZEMOS AS NOSSAS CONFRATERNIZAÇÕES E NOSSOS ESFORÇOS DE UNIÃO. ESPIRITUALIZEMOS AS NOSSAS SOCIEDADES ESPIRITISTAS, LEVANDO SEMPRE MAIS EVANGELHO A TODOS OS NOSSOS CAMPOS DE ATUAÇÃO E VIVÊNCIA. POIS, DO CONTRÁRIO, APRISIONAREMOS AS SEMENTES DO EVANGELHO NO CRISOL DO MATERIALISMO.

17
A RELIGIÃO VINDOURA

AO CONTEMPLAR O CÉU ESTRELADO CINTILANDO O INFINITO, A virtude e a beleza, minh'alma, perplexa, ajoelha-se no grande altar da natureza.

Inebriada pelo esplendor da vida, é inevitável que lágrimas me banhem a face, rubra por sua grandeza. Tal qual Davi dançando diante da Arca da Aliança, meu peito feliz se ilumina com o bafejo celeste que me toca como brisa beijando as urzes em manhã de sol.

Canta, meu coração! Eleva o hino silencioso à Potência Celeste e murmura aos ouvidos dos aflitos: "Crede-me, Deus é grande! Crede-me, Ele é Pai".

Yahweh,[22] Adonai,[23] *Abba*:[24] Paizinho.

Qual é o Teu Nome? Amor!

Eis tudo!

Em ti: o princípio sem fim da celeste perfeição;

Vida, morte, vida;

Inteligência infinita da infinda criação;

Perpétuo mistério; evos: massa bruta, pequena monera, relva insone, instinto símio, homem-caim na esteira do anjo aprendendo a soletrar amor.

---

22. (ou YHWH) Tetragrama que, na *Bíblia hebraica*, indica o nome próprio de Deus.
23. Título de superioridade utilizado para Deus na *Bíblia hebraica*.
24. "Papai" em hebraico.

Ó, Pai!

Eis aqui os Teus filhos em assembleia fraterna, glorificando a Tua mensagem que foi cantada em todas as eras.

Ensina-nos, ó, Pai, a amar sem fronteiras.

Que os credos, as cores, as dores e as maneiras de amar e viver sejam fonte e inspiração para esculpirmos no mármore da fraternidade o altar da religião vindoura, que terá por lema: Amai-vos!

Pouco, dirão alguns. Mas, na verdade, é síntese que não caberia nos papiros de Alexandria.

Ó, Pai, que entendamos que somente as almas que verdadeiramente amam e trabalham pelo bem comum são capazes de entender os Teus mistérios. Que o amor contagie e transforme teoria em ação fraterna, cartilha em pão, ciência em cura, inteligência em paz.

Fraternidade, fraternidade, entoemos este hino a uma só voz.

⇒ ALBERT SCHWEITZER

ENSINA-NOS, Ó, PAI, A AMAR SEM FRONTEIRAS.

QUE OS CREDOS, AS CORES, AS DORES E AS MANEIRAS DE AMAR E VIVER SEJAM FONTE E INSPIRAÇÃO PARA ESCULPIRMOS NO MÁRMORE DA FRATERNIDADE O ALTAR DA RELIGIÃO VINDOURA, QUE TERÁ POR LEMA: AMAI-VOS!

18

NA ADMINISTRAÇÃO DA MENTE

DÁ CONTA DE TUA ADMINISTRAÇÃO
>> LUCAS, 16:2

A MENTE É O CAMPO DE REFLEXO E DE AÇÃO DO ESPÍRITO. É nela que se desenrolam as grandes lutas e se preparam as grandes realizações. Desditas e conquistas têm no seio da mente a sua gênese e o seu parto; portanto, o Espírito atento aos seus deveres e destinos há de entender que é aí que se devem empregar os melhores recursos com vistas à autorrealização e à felicidade.

Muitos desavisados, não raras vezes, imaginam que a palavra do Mestre anotada por Lucas concerne exclusivamente à administração da vida material, não entendendo que, na verdade, todas as realizações partem do plano do Espírito e, por conseguinte, da casa mental.

Dessa feita, é sábio meditarmos sobre como temos administrado a nossa mente nos seus variados departamentos:

Tendes atendido com zelo e atenção às emoções, entendendo quais delas têm chefiado esse nobre departamento?

Na área das aspirações superiores, tendes disposto os recursos necessários para que eles prosperem no nobre empreendimento da busca pela espiritualidade real?

Quanto aos desejos e instintos, tendes estabelecido periódica observância e os integrado às áreas das nobres aspirações, destacando o discernimento e a disciplina como gerenciadoras amigas e assertivas?

Dá conta da tua administração, entendendo que o tempo é recurso precioso; que a paciência e a temperança compõem a tinta que grafa as melhores decisões; e que a humildade é a rotina administrativa capaz de levar harmonia e felicidade para o grande escritório da mente.

 ALBINO

A MENTE É O CAMPO DE REFLEXO E DE AÇÃO DO ESPÍRITO. É NELA QUE SE DESENROLAM AS GRANDES LUTAS E SE PREPARAM AS GRANDES REALIZAÇÕES. DESDITAS E CONQUISTAS TÊM NO SEIO DA MENTE A SUA GÊNESE E O SEU PARTO.

DÁ CONTA DA TUA ADMINISTRAÇÃO, ENTENDENDO QUE O TEMPO É RECURSO PRECIOSO; QUE A PACIÊNCIA E A TEMPERANÇA COMPÕEM A TINTA QUE GRAFA AS MELHORES DECISÕES; E QUE A HUMILDADE É A ROTINA ADMINISTRATIVA CAPAZ DE LEVAR HARMONIA E FELICIDADE PARA O GRANDE ESCRITÓRIO DA MENTE.

19
LIÇÃO APRENDIDA

FAZIA POUCO MAIS DE UMA DÉCADA QUE EU RETORNARA AO país do invisível pelas portas da morte. Meu peito ainda se fazia dorido de saudade dos corações que haviam ficado.

Por outro lado, estava exultante em perceber que a imortalista crença que eu vivera e propagara é verdade lustral. Água viva e benéfica que tantas vezes saciou a minha sede de verdade e justiça.

Reencontrei muitos irmãos de lutas, muitos amigos de jornadas. Como não é de se estranhar, após a minha recuperação e a adaptação, vinculei-me a uma organização espiritual de almas afins com o propósito de espiritualizar a nossa humanidade.

Sim, estando do lado de cá, os Espíritos persistem nos mesmos propósitos que desenvolveram na terra. Ou seria o contrário? Estando na terra, continuam o trabalho que realizavam no mundo dos Espíritos? A vida é um contínuo, um fio de Ariadne que nos liberta do Fauno interior que habita o labirinto das nossas comezinhas imperfeições.

Ai de mim sem a doutrina espírita! Pois o espiritismo foi-me luz em meio às minhas trevas. Mas, muito embora essas luzes estivessem presentes, o homem velho que eu não queria ser fazia sombra ao homem que eu almejava ser.

Estando na terra, após encontrar nas letras espíritas caminho e sentido existencial, abracei a grande causa, propaguei-a, escrevi e falei sobre ela. Fundei e organizei instituições com o intuito de reunir os espíritas e fortalecer o nosso movimento. Não raras vezes, julguei-me importante para a causa. Mas a morte é a grande reveladora da consciência.

Certa feita, em nossa organização espiritual, fui convidado para uma reunião fraternal que tinha como propósito a recepção de uma nobre entidade que denominavam como o "apóstolo oculto da nossa causa", e que retornava depois de heroica e estoica existência.

Fui tomado de franca curiosidade. Quem seria? O que fizera?

Dirigi-me, na hora aprazada, ao anfiteatro, expectante. Música suave e doce invadia o ambiente com formas indescritíveis. Tudo inspirava o sagrado e a virtude. Eu que, na Terra, sempre estivera em posição de destaque, decidindo e ordenando, ali era quase desconhecido.

A música cessou e entidades veneráveis adentraram o ambiente. Pude reconhecer muitos e, entre eles, Léon Denis, Amalia Domingo Soler, os Delannes (mãe, pai e filho), Rufina Noeggerath. Entre eles, a entidade aguardada e que se fazia humilde e cheia de luz me causou um choque, pois eu o conhecera...

Tratava-se de Charles Michel, antigo funcionário de meus empreendimentos que, tantas vezes, a fim de reforçar a eficiência e a disciplina, humilhei e repreendi. Para mim, a nossa causa merecia que tudo fosse feito de maneira impecável e, para tanto, não raras vezes, eu faltara com o senso de caridade e fraternidade.

Mas, irmãos e irmãs que me leem, hoje vejo que é impossível viver a nossa causa sem caridade fraternal. Como disse o mestre Léon Denis: "Não basta crer e saber, é preciso viver as nossas crenças".[25]

Com a comovente homenagem, vim a saber de toda a grandeza de Michel. Órfão desde a tenra idade, cuidou de cinco irmãos. Desde a juventude, montara singelo trabalho assistencial, servindo pão e sopa aos domingos para os órfãos de Montmartre. Descobriu-se médium de cura e, silenciosamente, curou muitos desvalidos em bairros pobres de Paris. Tudo isso sem alarde nem vaidade.

Nesse momento, senti-me como se estivesse lendo a instrutiva e comovente página de *O Evangelho segundo o espiritismo*, uma realeza terrestre, assinada por uma rainha de França.[26]

Ao fim, ainda vim a saber que Michel, após as hordas nazistas terem invadido a nossa amada França, dedicou-se a esconder judeus, participando de extensa rede de resistência e benemerência, tendo vindo a falecer em um paredão de fuzilamento após meses de tortura.

---

25. Léon Denis, *O problema do ser, do destino e da dor*, cap. XXIV.

26. Ver: Allan Kardec, *O Evangelho segundo o espiritismo*, cap. 2, item 8.

Sim, minhas amigas e meus amigos, é preciso mais viver do que crer e saber. Vivamos a nossa crença! Espalhemos caridade e fraternidade, balsamizemos dores, reergamos corações caídos, confortemos os doentes, mas façamos isso sem alarde; façamos de maneira oculta, pois, ao final da luta, a nossa consciência se alegrará em ser desconhecida do mundo mas conhecida nos céus.

 JEAN MEYER

É PRECISO MAIS VIVER DO QUE CRER E SABER. VIVAMOS A NOSSA CRENÇA! ESPALHEMOS CARIDADE E FRATERNIDADE, BALSAMIZEMOS DORES, REERGAMOS CORAÇÕES CAÍDOS, CONFORTEMOS OS DOENTES, MAS FAÇAMOS ISSO SEM ALARDE; FAÇAMOS DE MANEIRA OCULTA, POIS, AO FINAL DA LUTA, A NOSSA CONSCIÊNCIA SE ALEGRARÁ EM SER DESCONHECIDA DO MUNDO MAS CONHECIDA NOS CÉUS.

20

PESCA INTERIOR

MESTRE, TRABALHAMOS A NOITE INTEIRA
SEM NADA APANHAR; MAS, PORQUE
MANDAS, LANÇAREI AS REDES.
» LUCAS, 5:5

A TAREFA ESSENCIAL DE TODA ALMA ATENTA AOS SEUS DEVERES é descobrir em si a presença sublime da Divindade no grande mar da sua própria consciência, o que resulta em felicidade plena e perene.

Na verdade, todos empreendemos essa busca, porém, ainda de maneira inconsciente e incipiente. Adentramos os arraiais das paixões imaginando que as experiências transitórias poderão aplacar nossa sede de vida plena e feliz; porém, a alma se descobre vazia e incompleta. Lançadas as redes às paixões, a alma as vê vazias de valores de elevação espiritual que lhe garantam a felicidade almejada.

É que a consciência, sendo a representação do mar da Galileia, jaz em várias extensões. Há a margem, que representa os valores imediatos do instinto; as faixas de pouca profundidade das paixões, que iludem os nossos desejos; mas é somente ao largo, nas faixas mais profundas, que encontramos os valores que plenificam a nossa consciência e nos faz verdadeiramente felizes.

Nesse sentido, não raras vezes, iludimo-nos, julgando-nos grandes sabedores da vida e do viver, e lançamo-nos ao mar em noite escura dos desejos, obliterando a vontade ativa e, naturalmente, frustrando-nos com as redes vazias.

Para obtermos os peixes do Amor, da Justiça e da Verdade, faz-se necessário irmos ao mar alto, às águas mais profundas; mas, para tanto, precisamos do Sublime Pescador que nos garanta a segurança da experiência e a esperança da Sua sublime fé.

Pedro, frustrado com os resultados da busca noturna, ao ouvir a assertiva do Mestre não se faz rogado, e exclama: "Mas, porque mandas, lançarei as redes".[27] Novamente, lança-as ao mar, mas, dessa vez, em águas profundas, e assim pesca em abundância.

A passagem é rica em ensinamentos, pois, se queremos alcançar elevação e virtude, temos que atentar a quais águas lançamos as nossas redes e sob qual comando. Nos assemelhamos a Pedro, que obedece a ordem do Mestre, ou aos desejos que nos aprisionam em águas vazias de recursos superiores?

A cada discípulo que verdadeiramente se habilita à tarefa da pesca interior cabe a indagação. Para que as nossas redes se apresentem plenas e fartas espiritualmente, o exemplo e a sabedoria de Pedro deverá nos tocar de perto.

Lançando as redes da boa vontade e da perseverança ao largo da nossa consciência mais profunda, sob o comando do Mestre, no barco do tempo bem empregado e sob as claridades do evangelho – à semelhança do dia claro e seguro – para a nossa busca, alcançaremos a Divindade em nós mesmos.

⇒ HANNS

---

27. *Lucas*, 5:5.

A TAREFA ESSENCIAL DE TODA ALMA ATENTA AOS SEUS DEVERES É DESCOBRIR EM SI A PRESENÇA SUBLIME DA DIVINDADE NO GRANDE MAR DA SUA PRÓPRIA CONSCIÊNCIA, O QUE RESULTA EM FELICIDADE PLENA E PERENE.

PARA OBTERMOS OS PEIXES DO AMOR, DA JUSTIÇA E DA VERDADE, FAZ-SE NECESSÁRIO IRMOS AO MAR ALTO, ÀS ÁGUAS MAIS PROFUNDAS; MAS, PARA TANTO, PRECISAMOS DO SUBLIME PESCADOR QUE NOS GARANTA A SEGURANÇA DA EXPERIÊNCIA E A ESPERANÇA DA SUA SUBLIME FÉ.

21

NESSA HORA, O QUE NOS CABE?

Meus irmãos,

A HORA QUE ATRAVESSAMOS, CONFORME PREDITO PELAS LEtras evangélicas, é a da meia-noite planetária. Em todas as latitudes, o homem padece em suas ilusões. Aqui são guerras; acolá são crises que espalham fome, destruição dos recursos naturais e doenças de todas as ordens.

A tirania da ganância e da ambição dissemina pessimismo, e seu sopro glacial congela a esperança de muitos corações.

Entretanto, apesar das grandes crises do momento, o trabalhador desperto e atento aos princípios que regem a vida e a evolução dos filhos de Deus saberá manter a esperança e as mãos na charrua, preparando o solo para a semeadura no campo do Senhor.

Evolução é trabalho lento, mas constante. Tanto para as coletividades quanto para os indivíduos, a lei de progresso, tangenciada pelas leis de destruição e conservação, é inexorável.

Nada mais natural, portanto, que para que se erga o edifício na nova era, que se derrube o antigo, para que o novo seja assentado em bases novas. Nesse processo em que a lei de destruição impera, a crise se estabelece. Porém, tudo está sendo dirigido pelo olhar amoroso do nosso Cristo, que nos governa e dirige.

Esperança, meus amigos! O mundo não está à mercê do acaso. O Todo Sábio, sob os auspícios do Cristo, conduz e direciona o momento.

A nós, candidatos a discípulos da Era Nova, cabe-nos confiança e trabalho ativo.

Visitados pelas incompreensões e calúnias, doemos perdão e indulgência.

Visitados pelo ódio que nos fere o coração, doemos compaixão.

Visitados pela indiferença, doemos fraternidade.

Visitados pela descrença, doemos fé ativa.

No amor residem todas as soluções do mundo.

Dia virá que na Terra, remida e renovada, o hino sagrado da fraternidade será ouvido em todas as latitudes da nossa casa planetária, onde o amor será a lei; a caridade, a bandeira de todos os povos; a compaixão, o líquido sagrado que será bebido na mesa de todos os povos.

⇒ ARMANDO DE OLIVEIRA ASSIS

VISITADOS PELAS INCOMPREENSÕES E CALÚNIAS, DOEMOS PERDÃO E INDULGÊNCIA.

VISITADOS PELO ÓDIO QUE NOS FERE O CORAÇÃO, DOEMOS COMPAIXÃO.

VISITADOS PELA INDIFERENÇA, DOEMOS FRATERNIDADE.

VISITADOS PELA DESCRENÇA, DOEMOS FÉ ATIVA.

NO AMOR RESIDEM TODAS AS SOLUÇÕES DO MUNDO.

22

UMA LONGA JORNADA

DESDE O PRINCÍPIO DA HUMANIDADE QUE O HOMEM BUSCA AS respostas para o mistério dos mistérios: há um Deus?

É inato o sentido de que há uma força suprema que nos dirige e preside todos os fenômenos da natureza.

No horizonte mágico e mítico do albor das civilizações primevas nasceu o culto das forças da natureza, e, mais adiante, o politeísmo antropomórfico dos deuses. Nos mistérios de Elêusis e os órficos, na Grécia, à margem do rio Ganges e nas florestas da velha Índia, ou ainda nos templos da Caldeia e do Egito foram assentados os fundamentos do culto das deidades.

Abraão, saído da Caldeia e em uma longa jornada até a terra de Canaã, lançou as bases do monoteísmo. Sócrates, na Grécia, Aquenáton, no Egito, e os Druidas, entre os Celtas, igualmente disseminaram a ideia monoteísta.

Com o Cristo, alcançaremos o ápice dessa sabedoria. Na montanha ou pelas ruas da antiga Palestina, ele cantou o *Abba*, o Paizinho de Amor e Justiça. Não mais um tirano vingativo, muito menos um deus dos exércitos, e não somente um Deus criador, mas um Pai justo, bom e amoroso.

E hoje, após dois mil anos de a voz do Mestre dos Mestres nos alcançar, eis que o espiritismo, filho das luzes do século XIX, apresenta-nos Deus como o princípio de toda inteligência, como causa das causas e fonte de todo amor.

Mas, apesar dessa longa jornada, há os que em nome de Deus promovam guerras e misérias, erguendo templos a Deus travestido de Baal e Marte.

E aqui, novamente, cabe a pergunta: Há um Deus? Sim!

Homens, sois irmãos, sois filhos do Altíssimo. A Suprema Potência, que a tudo fecunda com as sementes da Verdade e da Luz, governa-vos e vos inspira para o mais Alto e para o Amor.

Deus, eis o nosso Pai!

E, para encontrá-lo, lançai o olhar para toda a criação. Deixai-vos embalar pelo murmúrio misterioso da floresta, extasiai com o brilho das estrelas, encantai com o contínuo das ondas marítimas, subi ao monte e vede quão grande é a vida, embalai o rebento frágil em vossos braços.

Aprendei a ler no livro da natureza e ide aos campos de dor e luto.

Que o culto mais sagrado a Deus seja o da caridade.

Que o hino mais belo sobre Deus seja o da fraternidade.

Se há sofrimento, mitigai-o. Deixai-vos inebriar pela eterna virtude da caridade. Consolai os aflitos, visitai os hospitais e o cárcere, alimentai os famintos de toda sorte. Cantai aos quatros cantos do mundo a fraternidade, pois sois irmãos!

E assim, por certo, adentrareis os mistérios do sagrado e do divino, e encontrareis Deus dentro de vós!

GASTON LUCE

HOJE, APÓS DOIS MIL ANOS DA VOZ DO MESTRE DOS MESTRES, EIS QUE O ESPIRITISMO, FILHO DAS LUZES DO SÉCULO XIX, APRESENTA-NOS DEUS COMO O PRINCÍPIO DE TODA INTELIGÊNCIA, COMO CAUSA DAS CAUSAS E FONTE DE TODO AMOR.

MAS, APESAR DESSA LONGA JORNADA, HÁ OS QUE EM NOME DE DEUS PROMOVAM GUERRAS E MISÉRIAS, ERGUENDO TEMPLOS A DEUS TRAVESTIDO DE BAAL E MARTE.

E AQUI, NOVAMENTE, CABE A PERGUNTA: HÁ UM DEUS? SIM!

23

UM
TESTEMUNHO

DESDE CEDO, RENEGUEI AS CRENÇAS DE MEUS PAIS. AS INJUStiças sociais me faziam duvidar da ideia de um Deus que, diziam, era de amor, mas admitia que seus filhos se digladiassem em guerras, padecessem de fome e fenecessem nos umbrais obscuros da morte. Onde estaria a justiça em tudo isso?

Mas, a vida! Ela é tão enigmática quanto a morte que, no seu próprio tempo, vem ceifar as flores das nossas infantes convicções. E, assim, um pouco mais maduro, passei a frequentar sessões espíritas, contemplar as tangíveis provas da imortalidade e me inebriar com as reflexões legadas por nossos mestres Allan Kardec e Léon Denis.

Sim! Vi-me crente da grande causa do espiritismo, e compreendi um pouco mais os mecanismos intangíveis da Lei de Deus. Não há injustiças se não aquelas causadas pelos próprios homens, mas, de um ponto de vista cósmico, tudo está em plena ordem, conduzida pela sabedoria do Todo Sábio. Deus, com o espiritismo, fez-se pai de Amor, Justiça e Bondade infinitos.

E, pouco a pouco, percebi que o grande valor do espiritismo está na sua essência ética e moral. Admirava os fenômenos, reconhecia a lógica da reencarnação, sonhava com as estrelas e as diversas moradas, mas, ó, meus filhos, o lema "fora da caridade não há salvação" me fez homem novo.

Entendendo que os homens são irmãos, pois são filhos de Deus, a fraternidade me impunha a ação. Nada mais feliz do que ir ao encontro dos que sofrem.

Meus filhos, não encontraremos maior felicidade do que a de vivenciar a caridade santa e pura. Mitigar a fome, erguer os caídos, abraçar o adversário, esquecer uma ofensa, silenciar um mal: eis os deveres que nos cabem.

Amemos, meus filhos. Amemos muito, pois, assim, encontraremos, até mesmo nos pântanos das nossas dores, os lírios inebriantes da verdade e da luz.

 FREDERICO PEIRÓ

DESDE CEDO, RENEGUEI AS CRENÇAS DE MEUS PAIS. AS INJUSTIÇAS SOCIAIS ME FAZIAM DUVIDAR DA IDEIA DE UM DEUS QUE, DIZIAM, ERA DE AMOR.

UM POUCO MAIS MADURO, VI-ME CRENTE DA GRANDE CAUSA DO ESPIRITISMO, E COMPREENDI UM POUCO MAIS OS MECANISMOS INTANGÍVEIS DA LEI DE DEUS. NÃO HÁ INJUSTIÇAS SE NÃO AQUELAS CAUSADAS PELOS PRÓPRIOS HOMENS. DEUS, COM O ESPIRITISMO, FEZ-SE PAI DE AMOR, JUSTIÇA E BONDADE INFINITOS.

E, POUCO A POUCO, PERCEBI QUE O GRANDE VALOR DO ESPIRITISMO ESTÁ NA SUA ESSÊNCIA ÉTICA E MORAL. O LEMA "FORA DA CARIDADE NÃO HÁ SALVAÇÃO" ME FEZ HOMEM NOVO.

24

EM MATÉRIA DE PERDÃO

NÃO OLVIDES O CHAMAMENTO AO PERDÃO.
Recorda que, em todos os lances da vida, o perdão é recurso precioso e profilático para:

O azedume que constrange.
A culpa que paralisa.
A inimizade que afasta.
A mágoa que envenena.
A vingança que anuncia a queda.
O mal que nos encarcera.

Em matéria de perdão, compreenderás que já fomos ofensores e ofendidos.
Se não foste procurado pelo ofensor, em silêncio e oração perdoa e passa.
Se foste o ofensor, reconcilia-te e renova-te para o Alto.
Recorda a última grande lição do Mestre que, ainda na cruz, rogou perdão para todos nós.[28]

≥ ANDRÉ LUIZ

---
28. Ver: *Lucas*, 23:34.

NÃO OLVIDES O CHAMAMENTO AO PERDÃO.

RECORDA QUE, EM TODOS OS LANCES DA VIDA, O PERDÃO É RECURSO PRECIOSO E PROFILÁTICO.

EM MATÉRIA DE PERDÃO, COMPREENDERÁS QUE JÁ FOMOS OFENSORES E OFENDIDOS.

SE NÃO FOSTE PROCURADO PELO OFENSOR, EM SILÊNCIO E ORAÇÃO PERDOA E PASSA.

SE FOSTE O OFENSOR, RECONCILIA-TE E RENOVA-TE PARA O ALTO.

RECORDA A ÚLTIMA GRANDE LIÇÃO DO MESTRE QUE, AINDA NA CRUZ, ROGOU PERDÃO PARA TODOS NÓS.

25

UMA VEZ MAIS, ALLAN KARDEC!

O ESPIRITISMO É UMA CIÊNCIA DE INVESTIGAÇÃO DA REALIDADE invisível que se utiliza de um método próprio e propício para o intento a que se propõe: conhecer mais e melhor o mundo dos Espíritos e a relação dinâmica com o mundo dos homens.

Allan Kardec percebeu desde o início de suas investigações que o mundo invisível, à semelhança do que o corre com o mundo dos homens, é povoado de criaturas de todas as categorias de saberes e conquistas morais.

Espíritos há que se julgam conhecedores de saberes que, na realidade, não dominam; há outros que, investidos de palavras dúlcidas e afáveis, aparentam ter uma moral que não detém; há ainda os que, investidos de nomes glorificados pela história, tentam impressionar na forma, com comunicações esdrúxulas.

Comunicações de Espíritos pseudossábios e embusteiros sempre estiveram presentes na história da mediunidade.

Por isso, Allan Kardec, em suas reflexões ao estudar a mediunidade, percebeu que uma das qualidades do bom médium é ser pouco enganado,[29] pois, naturalmente, independentemente de dispositivos intelectuais e morais, qualquer médium pode ser enganado.

---

29. Ver: Allan Kardec, *O livro dos médiuns*, item 226, questão 9º.

Nesse sentido, uma vez mais, Allan Kardec é preciso. Em nossos arraiais espíritas, para além de estudá-lo, exaltá-lo e divulgá-lo, é preciso que apliquemos o seu método para que o conhecimento espírita avance em bases sólidas.

É preciso recordar que o trabalho da revelação espírita é obra coletiva e fraternal entre homens e Espíritos – entre diversos médiuns e Espíritos de diversas categorias.

Nenhum trabalho perene, fecundo e verdadeiro é obra exclusivista. O próprio Cristo, Perfeito e Puro, convocou para o Seu colégio apostólico uma diversidade de discípulos.

Igualmente, hoje, o Espírito da Verdade, outrora o próprio Cristo, conta com todos os aprendizes da ciência do invisível.

O cerne do método kardequiano – o controle universal do ensino dos Espíritos[30] –, para além dos predicados racionais, lógicos e sistemáticos, é o princípio de solidariedade e fraternidade que deve reger a produção do conhecimento espírita.

Portanto, sigamos por bases sólidas, aplicando Allan Kardec à nossa comunhão com o invisível para que a estrada que liga os dois mundos seja cada vez mais segura e concernente à busca da verdade.

⇒ ANNA BLACKWELL

---

30. Ver: Allan Kardec, *O Evangelho segundo o espiritismo*, "Introdução", item "Controle Universal do Ensino dos Espíritos".

UMA VEZ MAIS, ALLAN KARDEC É PRECISO. EM NOSSOS ARRAIAIS ESPÍRITAS, PARA ALÉM DE ESTUDÁ-LO, EXALTÁ-LO E DIVULGÁ-LO, É PRECISO QUE APLIQUEMOS O SEU MÉTODO PARA QUE O CONHECIMENTO ESPÍRITA AVANCE EM BASES SÓLIDAS.

É PRECISO RECORDAR QUE O TRABALHO DA REVELAÇÃO ESPÍRITA É OBRA COLETIVA E FRATERNAL ENTRE HOMENS E ESPÍRITOS – ENTRE DIVERSOS MÉDIUNS E ESPÍRITOS DE DIVERSAS CATEGORIAS.

NENHUM TRABALHO PERENE, FECUNDO E VERDADEIRO É OBRA EXCLUSIVISTA. O PRÓPRIO CRISTO, PERFEITO E PURO, CONVOCOU PARA O SEU COLÉGIO APOSTÓLICO UMA DIVERSIDADE DE DISCÍPULOS.

26

EM TI MESMO

RECONHECERÁS A NECESSIDADE DA CARIDADE PARA A SOLUÇÃO da fome no mundo, mas, se refletires atentamente, verás que ela se faz urgente em ti mesmo.

Discutirás planos de paz no mundo para guerras e tiranias, mas, se olhares atentamente, reconhecerás vários lances da vida em que a necessidade da paz está em ti mesmo.

Verás cenas no mundo em que o perdão resolveria grandes questões políticas, mas, se refletires atentamente, entenderás que o perdão te convida à prática em ti mesmo.

Refletirás sobre a urgência da humildade em líderes e celebridades do mundo, mas, se olhares para a tua própria vida, entenderás a urgência da humildade em ti mesmo.

Escreverás longos discursos sobre a grandeza do Amor no mundo para a solução de todos os problemas, mas, se parares para refletir, entenderás que ele começa em pequenos gestos em ti mesmo.

Em todos os lances da vida, se refletirmos atentamente, reconheceremos que, em matéria de virtude, tudo sempre começa em nós mesmos.

⇒ ANDRÉ LUIZ

RECONHECERÁS A NECESSIDADE DA CARIDADE PARA A SOLUÇÃO DA FOME NO MUNDO, MAS, SE REFLETIRES ATENTAMENTE, VERÁS QUE ELA SE FAZ URGENTE EM TI MESMO.

VERÁS CENAS NO MUNDO EM QUE O PERDÃO RESOLVERIA GRANDES QUESTÕES POLÍTICAS, MAS, SE REFLETIRES ATENTAMENTE, ENTENDERÁS QUE O PERDÃO TE CONVIDA À PRÁTICA EM TI MESMO.

EM TODOS OS LANCES DA VIDA, SE REFLETIRMOS ATENTAMENTE, RECONHECEREMOS QUE, EM MATÉRIA DE VIRTUDE, TUDO SEMPRE COMEÇA EM NÓS MESMOS.

27

O NATAL DE JOÃO

"ONDE ESTÁ JESUS?"

Assim pensa João, deitado, estirado no chão sob o céu estrelado, contemplando a Amplidão.

"Jesus, onde estás? Pois é o Teu Natal, e vejo luzes antigas e fartura, bonecos vestidos em bonitas roupas, mas não Te vejo meu Senhor... Não Te encontro, Jesus."

Assim medita João, que adormece com o corpo no chão frio, carente de tudo: de pão, agasalho e remédio.

João, em um breve instante, entrega-se aos braços do sono, encontrando, do outro lado, um Anjo Bom, vindo da celeste paisagem a visitar o agreste sofrimento.

— Vem, João! Vamos encontrar Jesus!

— Aonde vamos, Anjo Bom?

João contempla a celeste visão e medita, ingênuo, se Jesus está nas igrejas ou na manjedoura dos presépios. Talvez ele esteja em suntuosos palácios aguardando, à mesa, a lauta ceia.

— Não, meu bom João! Jesus está por toda parte, onde haja boa vontade e amor em ação. Vem! Vamos encontrar Jesus? Vem!

E, assim, dirigem-se ao presídio e observam as necessidades e os infortúnios dos proscritos e marginalizados do mundo, vendo neles o Cristo preso e torturado em sua paixão.

— Eis aí o Cristo, João! – disse o Anjo Bom ao estender as mãos em bênçãos a todos os infortunados em reclusão.

O Anjo Bom se dirige com João à casa pobre, necessitada de tudo. Filhos famintos, mãe chorosa mas com o maternal regaço resplandecente e de coração imenso a amar com vontade os pequenos rebentos saídos do seu ventre. E, ali, João também viu Jesus, pelos olhos em lágrimas da Mãe que muita amava, assim como Maria no dia santo do nascimento do Senhor, em noite escura e celeste, em palha simples e anjos em festa. O Anjo Bom, após distribuir ósculos pelas pequeninas frontes, guia uma alma terna e boa levando farta bonança, paz e pão para alimentar o lar pobrezinho.

— Vem, João! Vamos encontrar Jesus!

— Aonde vamos? – disse João à figura angélica.

Após breves instantes, João se vê no hospital. Sozinho, enfermo, carente de atenção e saúde. Sofrendo na solidão. Em crente oração, pensa o enfermo naqueles que também necessitam de cura, saúde e conforto. Orando, tal qual Jesus, na tarde esplendorosa, ensinando a dominical oração.

E João viu Jesus. Pensou, crente, que na vida Além, por certo, a saúde lhe voltaria, bem como a alegria de servir e amar. O Anjo Bom, com sua diáfana mão, enxuga as lágrimas e abençoa o pobre enfermo.

Por fim, o Anjo Bom se dirige à calçada escura e fria onde o corpo de João repousa. Assim como Maria, que pegou o seu filho amado nos braços, o Anjo Bom devolve o Espírito de João ao corpo, a espiritual manjedoura.

Beijando-lhe a fronte, diz:

— Ó, João, Jesus está em seu coração e em suas mãos. Espalhe o bem, a virtude e o amor e assim terá Jesus em seu peito feito em luz.

⇒ FRANCISCA DAS DORES

— JESUS ESTÁ POR TODA PARTE, ONDE HAJA BOA VONTADE E AMOR EM AÇÃO. VEM! VAMOS ENCONTRAR JESUS? VEM!

E, ASSIM, DIRIGEM-SE AO PRESÍDIO.

— EIS AÍ O CRISTO, JOÃO! – DISSE O ANJO BOM AO ESTENDER AS MÃOS EM BÊNÇÃOS A TODOS OS INFORTUNADOS EM RECLUSÃO.

O ANJO BOM SE DIRIGE COM JOÃO À CASA POBRE, NECESSITADA DE TUDO. APÓS BREVES INSTANTES, JOÃO SE VÊ NO HOSPITAL.

E JOÃO VIU JESUS.

— Ó, JOÃO, JESUS ESTÁ EM SEU CORAÇÃO E EM SUAS MÃOS. ESPALHE O BEM, A VIRTUDE E O AMOR E ASSIM TERÁ JESUS EM SEU PEITO FEITO EM LUZ.

28

HÁ LUZ!

O ESPIRITISMO, EM SUA ESSÊNCIA, É SUBSTÂNCIA REVELADORA da vasta realidade espiritual que nos cerca e da qual somos partícipes.

Suas consequências são vastas, pois nele o homem se torna um ser muito mais complexo e dinâmico. A vida se alarga e a humanidade transcende os nossos comezinhos entendimentos.

Ao demonstrar, experimentalmente, que somos Espíritos criados por Deus, fonte de todo Amor, Virtude e Progresso, a filosofia dos Espíritos nos apresenta, como consequência, que somos irmãos.

Sob o imperativo da reencarnação, a fraternidade deixa de ser utopia distante para se transformar em energia ativa que nos liga de vida em vida, fortalecendo elos e construindo destinos cada vez mais dadivosos.

O consolo que o espiritismo proporciona não é o da paralisia messiânica da espera, mas o da força dinâmica e ativa que mobiliza forças para a construção de um mundo novo e melhor.

O espiritismo, portanto, é fonte de esperança em tempos sombrios, pois, bem compreendido, faz com que o homem entenda que as sombras que a muitos apavoram é da natureza da impermanência que rege a dinâmica evolutiva das coletividades.

A existência da sombra é sinal de que há luz! Aí está o corolário que explica o momento que vivemos.

Luz que não se apaga, que incendeia o princípio das coisas e conduz os Espíritos ao seu supremo destino: a felicidade.

É bem certo que vivemos tempos desafiadores; porém, com o espiritismo em nós, a esperança será a bússola sagrada do nosso coração; a fé, o sol primaveril dos dias difíceis; a caridade, o bálsamo perfumado para as nossas dores.

⇒ HENRIETTE

O ESPIRITISMO É FONTE DE ESPERANÇA EM TEMPOS SOMBRIOS, POIS, BEM COMPREENDIDO, FAZ COM QUE O HOMEM ENTENDA QUE AS SOMBRAS QUE A MUITOS APAVORAM É DA NATUREZA DA IMPERMANÊNCIA QUE REGE A DINÂMICA EVOLUTIVA DAS COLETIVIDADES.

A EXISTÊNCIA DA SOMBRA É SINAL DE QUE HÁ LUZ! AÍ ESTÁ O COROLÁRIO QUE EXPLICA O MOMENTO QUE VIVEMOS.

LUZ QUE NÃO SE APAGA, QUE INCENDEIA O PRINCÍPIO DAS COISAS E CONDUZ OS ESPÍRITOS AO SEU SUPREMO DESTINO: A FELICIDADE.

29

O PERDÃO DE RAQUEL

Raquel questiona os céus
E com as mãos junto ao peito
Chora de cansaço e dor
A saudade do filho muito amado.

"Jacó, meu bom menino
Que desde cedo eu amei
Embalei e cuidei
Como joia preciosa de Davi.

Por quê?...
Por que partiste
Pelas mãos sanguinárias
Da cruel maldade infame?

Bem sei que muito amaste
O filho crucificado de Maria
Que por nossa terra caminhou
Espalhando ventura, paz e fraternidade.

Mas meu peito não suporta
A tamanha saudade
Do teu peito junto ao meu
Falando dos sonhos do reino dos céus.

Ao alto clamo vingança
Que no amanhã e tão logo
Os teus carrascos
Padeçam em noite agônica."

Cansada e chorosa
Em noite avançada
Raquel medita
Em vingança e dor.

Muito embora a saudade
A dor crescida em mágoa
Ferida aberta em morte
Pelos carrascos de Jacó.

*

Menino bom e caridoso
Jacó, em dezoito
   primaveras
Fora desperto por Pedro
O amigo-discípulo do
   Mestre Galileu.

Servindo e amando
Curando e trabalhando
Jacó padeceu em
   igreja singela
Na conhecida Casa
   do Caminho.

Porto de amor e bonança
Em crescida esperança
A casa singela fez-se
Fraterno exemplo dos
   tempos sem fim.

Jacó humilde e bom
Fez-se protetor dos
   desvalidos
Dos queijosos desgraçados
Foi amparo e arrimo.

O Sinédrio despótico
Em muitas perseguições
Em noite alta e punho
   em riste
Arromba as portas da
   Casa do Caminho.

Jacó, pobre e bom menino
Despertando em
   meio aos gritos
É ferido junto ao peito
Encontrando a morte
   de herói cristão.

*

Desde então
Raquel saudosa e boa
Envenenada em
   mágoa e dor
Busca a vingança sombria.

Jacó, desperto no além
Contemplou Raquel
Sofrida face obscura
Com o corpo alquebrado,
   insone.

Despertando-a para
   a vida além
Jacó chamou a mãezinha
   para peregrina viagem
Ao circo dos mártires
Envolto em sinistra
   maldade.

Entre feras, flechas
   e sangue
Para além das potestades
Havia santa claridade
   e ventura
Na face dos sublimes
   mártires.

Em Roma, nas catacumbas
Em noite avançada e pura
Viu Raquel a espada
   em meio ao peito
De anciãos que anunciavam
   boas novas.

Na Pereia, em pequena vila
Viu moço caridoso e bom
Ser crucificado e morto
Por distribuir pão e paz.

Na Antioquia, em
   palácio varonil
Viu jovem menina, expulsa
   a pontapés pelos pais
Por se entregar ao
   Senhor da Cruz
Falando verdades novas
   envolta em luz.

★

Raquel chorosa e triste
Contempla a sina cristã
No mundo espúrio
   em sombras
Martírio e dor,
   negação e cruz.

Nos braços de Jacó, foi
   uma vez mais
Viajando em noite escura
Rumou para destino
   enigma
Para onde Jacó singra.

Casa singela e pequena
Envolta em luz peregrina
Raquel reconheceu Maria
Rosa pura envolta em
   orvalho celeste.

Perfumosa e boa
Santa majestade
De celeste bondade
Maria recebe-os em
   seus braços.

Raquel soluça em
   pranto convulsivo
Joelhos ao chão, contempla
   a celeste entidade
Beijando-lhe as mãos
Envolta em sublime
   claridade.

"Maria, mãe que
    tanto sofreu
Tenho o peito aflito
Pela morte bruta do
    pequeno meu
Como perdoar
    horrenda sina?"

"Raquel, entendo a agonia
    da tua mágoa
Na cruz meu menino
    padeceu
Com cravos, azedo vinagre
    e lança espúria
Tudo assisti em
    pranto e dor.

Mas se queres lavar o
    peito em mágoa
Torna-te mãe dos mil filhos
Faze-te em celeste abrigo
Aos deserdados pela
    maldade.

Se hoje não perdoa
Espera o tempo
Amando outros filhos
Como do teu ventre fossem.

A quem tem fome, sê pão
A quem tem sede, sê água
Ao estrangeiro, sê abrigo
Ao encarcerado, sê amigo."

Raquel desperta
    em dia claro
Ânimo forte, coração
    desperto
Recorda a celeste amiga
Rosa mística, perfume
    dos céus.

Até o final dos seus dias
De coração puro e
    não mais ferido
Saudades, é certo, mas
    com perdão e verdade
Vive a doutrina do
    filho de Maria.

Recorda o seu Jacó
O filho muito amado
Doando-se aos filhos
    do calvário
Fitando-o nos olhos
    do infortúnio.

 CECÍLIA

"A QUEM TEM FOME, SÊ PÃO
A QUEM TEM SEDE, SÊ ÁGUA
AO ESTRANGEIRO, SÊ ABRIGO
AO ENCARCERADO, SÊ AMIGO."

30

A LUZ DA
NOSSA CAUSA

Filhos da alma, que Jesus nos abençoe!

O ESPIRITISMO É FONTE FECUNDA DE BENÇÃOS EM NOSSAS VIDAS. Como doutrina, é luz inexpugnável de claridades novas; como movimento, deverá ser velador a suportar a luz que lhe foi confiada.

O *trabalho* de sustentar a luz é obra coletiva que tem como óleo sagrado a *solidariedade*, e como barro que transmuta na cerâmica do velador a *tolerância*.

Jesus confia em nossos singelos esforços para conseguirmos levar adiante as luzes do consolador.

Unamo-nos, meus filhos!

Divergindo, por certo, mas com Jesus e por Jesus, e convergindo sempre para que o personalismo não seja o sopro frio a apagar a luz da nossa causa.

No Cristo, temos os exemplos para a nossa leira cristã, na qual o nosso Senhor e Mestre depositará as sementes da Nova Era.

Tolerando e amando a equivocada de Magdala, transformou-a em sublime mensageira de sua causa; instruindo e amando, converteu o inimigo da primeira hora, o jovem Saulo, em amigo sublime do evangelho; confiando e amando, viu no renitente negador Pedro a pedra angular da Boa Nova.

Meus filhos, uma vez mais, unamo-nos em esforços sinceros, e que a caridade e a fraternidade sejam constantes em nossas realizações para que a luz de nossa causa clareie os caminhos de tantas almas sedentas de consolo e paz.

Do servidor paternal e humílimo de sempre,

BEZERRA

O ESPIRITISMO É FONTE FECUNDA DE BENÇÃOS EM NOSSAS VIDAS. COMO DOUTRINA, É LUZ INEXPUGNÁVEL DE CLARIDADES NOVAS; COMO MOVIMENTO, DEVERÁ SER VELADOR A SUPORTAR A LUZ QUE LHE FOI CONFIADA.

O TRABALHO DE SUSTENTAR A LUZ É OBRA COLETIVA QUE TEM COMO ÓLEO SAGRADO A SOLIDARIEDADE, E COMO BARRO QUE TRANSMUTA NA CERÂMICA DO VELADOR A TOLERÂNCIA.

JESUS CONFIA EM NOSSOS SINGELOS ESFORÇOS PARA CONSEGUIRMOS LEVAR ADIANTE AS LUZES DO CONSOLADOR.

VEREDAS DO MAIS ALÉM

© 2025 *by*
Organizações Candeia
[selos editoriais
InterVidas e Infinda]

DIRETOR GERAL
Ricardo Pinfildi

DIRETOR EDITORIAL
Ary Dourado

ASSISTENTE EDITORIAL
Thiago Barbosa

CONSELHO EDITORIAL
Ary Dourado
Ricardo Pinfildi
Rubens Silvestre
Thiago Barbosa

DIREITOS AUTORAIS

Associação Espírita Cairbar Schutel
CNPJ 3 936 699/0001-48
Rua Abílio dos Santos, 55   Bento Ribeiro
21 331–290   Rio de Janeiro   RJ
espiritismo.net

DIREITOS DE EDIÇÃO

Organizações Candeia Ltda.
CNPJ 03 784 317/0001–54   IE 260 136 150 118
R. Minas Gerais, 1 640   Vila Rodrigues
15 801–280   Catanduva SP
17 3524 9801   intervidas.com